作りたい 使いたい

エコクラフトの
かごと小物

寺西恵里子

Eco Craft for Your Life

西東社

はじめに

誰もが憧れるかご作り
エコクラフトなら簡単です。

1つ作ると
また、次を作りたくなる…
不思議な魅力があります。

編むことが楽しくて
できたときが嬉しくて…
そして、
使うたびにあたたかい気持ちになります。

作りながら感じること
使いながら感じること…
そんな、小さな想いが魅力です。

1つのかごから感じ取れるものはたくさん
そんな魅力を伝えたい…

エコクラフトのバスケット。

■

小さな作品に
大きな想いを込めて…

■

寺西 恵里子

ECO CRAFT TAPE

ECO CRAFT

CONTENTS

- 2 はじめに
- 6 エコクラフトの基礎
- 8 用具について
- 9 この本の見方

SQUARE BOTTOM
10 四角底

- 12 3色のシンプルバスケット
- 13 真っ白な四角底のバスケット
- 18 スクエアバッグ
- 24 斜め編み目のバスケット
- 30 ふたつきボックス
- 37 リボンのティッシュケース
- 42 斜め模様のスクエアバッグ
- 48 ふたつきソーイングボックス
- 49 ピクニックバスケット

OVAL BOTTOM
56 楕円底

- 58 持ち手がかわいい楕円かご
- 66 楕円底のおしゃれバッグ
- 71 横持ち手のパンかご
- 75 持ち手つきマガジンラック
- 78 六角底のバッグ
- 85 ゆかたバッグ
- 88 リボンのカトラリーケース

ROUND BOTTOM

94 丸底

- 96 水玉模様のダストボックス
- 102 丸底の持ち手かご
- 108 六角編みのフルーツかご
- 114 タッセルつきかごバッグ
- 122 ふたつきの丸底バッグ

SQUARE KNOT

144 ノット編み

- 146 小さなノット編みのかご
- 152 ノット編みのクラッチバッグ
- 158 ノット編みのスクエアバッグ
- 159 ノット編みの小さなケース

NORTH EUROPEAN

124 北欧風

- 126 北欧風の持ち手かご
- 131 小さい北欧風かご
- 134 北欧テイストのプランターカバー
- 140 北欧風大きなかごバッグ

FIRST ECO CRAFT

162 はじめてのエコクラフト

- 163 四角底のメガネケース
- 168 楕円底のこもの入れ
- 173 六角底のミニかご
- 178 北欧風の斜めかご
- 182 ノット編みの鍋敷き

188 エコクラフトの編み方事典

エコクラフトの基礎

エコクラフトの素材の特徴などいろいろを集めました。
知っていると、作る上でも参考になるので
ここを読んでからはじめましょう。

エコクラフトとは…

エコクラフトのルーツは
米袋をしばって、運ぶためのひもです。
重たいお米を運ぶので、とても丈夫だったのを
農家の人たちが、かごを編んだのが始まりです。
1990年に『エコクラフト』として発売されました。

[エコな再生紙でできたクラフト用素材]

エコクラフトは牛乳パックと米袋のエコな廃材からできています。
柔軟性があり、それでいてコシもあるのでかごを編むのに最適な素材です。

[安心安全な素材]

口に入れても安全な、エコな再生紙でできているだけでなく、貼り合わせるのりも、口に入れても安全な切手ののりが使われています。

[丈夫で実用的]

何度ものりを通しているので、ハリがあり、硬くて丈夫です。
バッグの底も、高さのあるかごも、透けたかごやバッグも、へたらず、しっかり作れて長持ちします。

[幅を変えるのも自由自在]

12本のこよりが合わさってできているので、幅を簡単に細くすることができます。
細くしてもしっかりしているので、様々な種類の組み合わせが作れます。

エコクラフトの種類

12レーンの5m巻き、30m巻き、24レーンの5m巻きの3種類あります。作るもので選びましょう。

12レーン 5m巻き

12レーン 30m巻き

24レーン 5m巻き

色もいろいろあります。人気のナチュラルカラーからカラフルな色、和テイストの色まで豊富です。どれも、エコ素材でできているので、混じり気のない綺麗な色です。

工場ルポ

加工に入る前の紙を仕込む
きれいに撚れるように、霧を吹き、紙に潤いを与える。

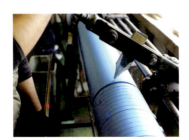
紙をテープ状にカット
均一に切るために、職人さんが手作業で、切れ味を確認しながら切る。

撚りひも加工
紙テープを撚って1レールの紙ひもに変わる瞬間。

貼り合わせ加工
12本の均一な太さに仕上がった紙ひもが、正確に糊付けされていく。

工場の人は「紙は生きている」と言います。その気持ちが、作れば作るほど、よくわかります。1つ作ってみませんか。

用具について

測る、切る、貼るが基本のエコクラフトなので、
用具が少ないのも魅力です。
用具を揃えてから、はじめましょう。

手芸用ボンド
貼るときに使います。

はさみ
切るときに使います。

竹串
貼るときに
あると便利です。

メジャー
長いエコクラフトを
測るときに使います。

定規
高さや幅を測る
ときに使います。

目打ち
持ち手やタテ芯を
通すときに使います。

霧吹き
エコクラフトを
柔らかくし、間を
詰めるために使います。

洗濯ばさみ
ボンドが乾くまで
仮止めするときに
使います。

荷造りバンド
エコクラフトを切る
ときに使います。

アイロン
編み地を整えるのに使えます。
ボンドをつけた後にかけると、早くつきます。

エコクラフトの切り方

❶ 作りたいレーンにはさみで切り
込みを入れます。

❷ 荷造りバンドを切り込みにはさ
みます。

❸ エコクラフトの端を持ち、荷造
りバンドを進めると切れます。

この本の見方

この本は、はじめての人でもわかりやすいように
作り方をイラストで順に追っています。
プロセス写真と合わせて確認しながら作れば、簡単です。
また、慣れてくれば、作り方だけで作れるようになります。

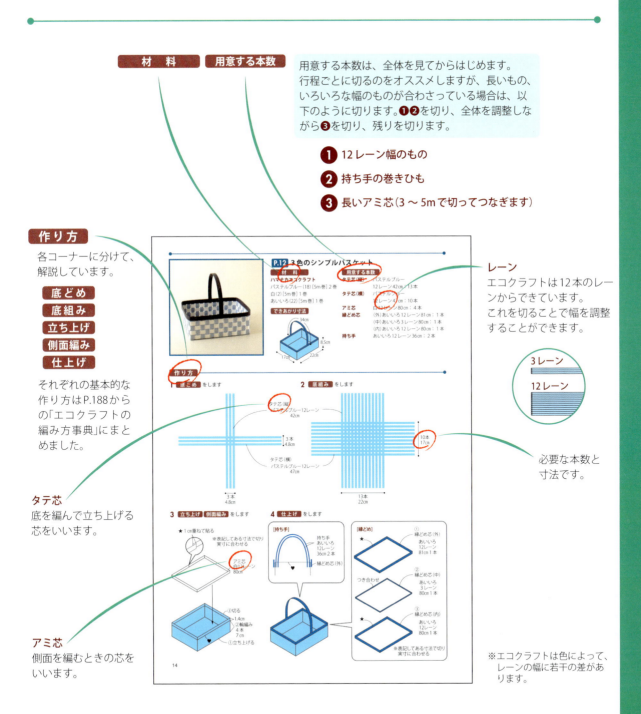

SQUARE BOTTOM

四角底

作りが一番わかりやすい四角底。
底を交互に編んで、立ち上げます。

輪にした芯を通すだけで
きれいなかごが簡単に作れます。

LINE UP ■ SQUARE BOTTOM

P.12

P.13

P.18-19

P.24

P.25

P.30

P.31

P.37

P.42

P.43

P.48

P.49

基本の四角底
SQUARE BOTTOM

3色のシンプルバスケット

シンプルで作りやすいバスケットです。
紺の縁と持ち手がアクセント。
手作りのある暮らし、ここからはじめてみませんか。

how to make ■ P.14

| 四角底

真っ白な四角底のバスケット

同じ本数で作っても
隙間を広げると、少し大きくなります。
リボンをつけて、かわいい雰囲気に。
how to make ■ P.17

P.12 3色のシンプルバスケット

材料

ハマナカエコクラフト
パステルブルー(18)[5m巻] 2巻
白(2)[5m巻] 1巻
あいいろ(22)[5m巻] 1巻

用意する本数

タテ芯(縦)	パステルブルー 12レーン 42cm：13本
タテ芯(横)	パステルブルー 12レーン 47cm：10本
アミ芯	白12レーン 80cm：4本
縁どめ芯	(外) あいいろ 12レーン 81cm：1本
	(中) あいいろ 3レーン 80cm：1本
	(内) あいいろ 12レーン 80cm：1本
持ち手	あいいろ 12レーン 36cm：2本

できあがり寸法

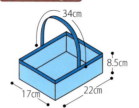

作り方

1 底どめ をします

2 底組み をします

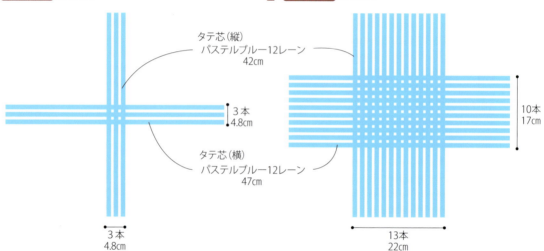

3 立ち上げ 側面編み をします

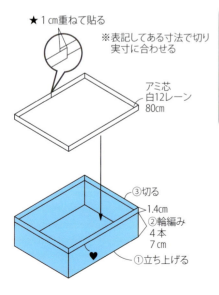

4 仕上げ をします

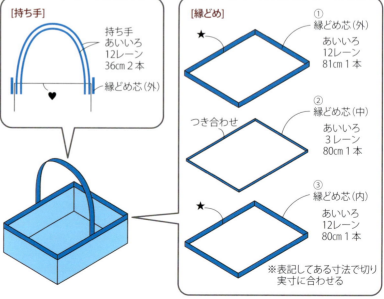

1 底どめ

❶ タテ芯(横)の上にタテ芯(縦)を十字に重ねて中心をボンドでとめます。
※中心にはわかりやすいようにシール(●)を貼っています。

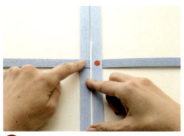

❷ タテ芯(縦)の横に2レーンのガイド(材料外)を置き、ガイド分のすきまをあけてタテ芯(縦)を下に入れます。

❸ 同様に反対側にも入れ、ボンドでとめます。

❹ 同様に、タテ芯(横)の上と下に、交互に重なるようにタテ芯(横)を入れ、ボンドでとめます。

2 底組み

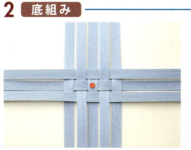

❶ 左右にタテ芯(縦)を交互に入れます。

❷ 上下にタテ芯(横)を交互に入れます。

❸ 霧吹きをします。

❹ タテ芯同士の間をつめます。

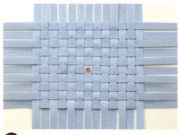

❺ ❶〜❹を繰り返して横22cmにタテ芯(縦)計13本、縦17cmにタテ芯(横)計10本を交互に入れます。

❻ 角をボンドでとめます。

❼ 上に出ているタテ芯を、下のタテ芯にボンドでとめます。

3 立ち上げ 側面編み

❶ 底の端に定規などをあて、タテ芯を立ち上げます。

15

立ち上げ 側面編み

❷ 立ち上げたところです。

❸ 輪編みをします。タテ芯の1本にアミ芯を仮どめし、交互に通します。

❹ 1周し、1cmののり代を残して余分を切ります。アミ芯のつなぎめは、タテ芯に隠れる位置にします。

❺ 全てのアミ芯を❹の長さに切り、輪にしてボンドでとめます。

❻ ❺を交互に通します。

❼ アミ芯計4本を通し、霧吹きをして高さ7cmにつめます。

❽ タテ芯を数か所、アミ芯にボンドでとめます。

❾ 12レーンのガイド(材料外)をアミ芯の上端に合わせ、ガイドに合わせてタテ芯を切ります。

❿ 切れたところです。

4 仕上げ

❶ 持ち手2本をカーブさせ、ボンドで貼り合わせます。

❷ 貼り合わせたところです。

❸ 縁どめ芯(外)を3❸〜❺と同様に、輪にしてボンドでとめます。

❹ ❸をタテ芯の外側に、上3レーン分あけてボンドで貼ります。

❺ 縁どめ芯(中)を、縁どめ芯(外)の上端に合わせて内側にボンドで貼ります。

❻ 1周し、つき合わせで余分を切ります。

❼ 側面の中心に、❷をボンドで貼ります。

❽ 縁どめ芯(内)を(外)と同様に輪にし、上端に合わせてボンドで貼ります。

❾ できあがり。

P.13 真っ白な四角底のバスケット

材料
ハマナカエコクラフト
白(2) [5m巻] 4巻

できあがり寸法
17.5cm × 23.5cm × 8.7cm

用意する本数
タテ芯(縦)	12レーン 43cm：13本
タテ芯(横)	12レーン 49cm：10本
アミ芯	12レーン 84cm：4本
縁どめ芯	(外)12レーン 85cm：1本
	(中)3レーン 84cm：1本
	(内)12レーン 84cm：1本
リボン	8レーン 17cm、13.5cm、4cm：各1本

作り方

※本数、作り方はP.14(3色のシンプルバスケット)と同じで、すき間のガイドを3レーンで作る

※リボンの詳しい作り方はP.93

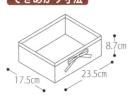

すき間のガイドは3レーンで作る

10本 17.5cm
13本 23.5cm

8レーン 4cm　8レーン 17cm
8レーン 13.5cm

1.5cm 4本 7.2cm
輪編み

スクエアバッグ

シンプルなスクエアのバッグ。
数と長さを調整すれば大きさは自由自在。
自分に合ったサイズで作ってもいいですね。

how to make ■ a: P.20 b: P.23 c: P.23

SQUARE BOTTOM

P.18 スクエアバッグ(a)

材料
ハマナカエコクラフト
さくら(127)[30m巻] 1巻

できあがり寸法
38cm / 16.5cm / 10cm / 22cm

用意する本数
タテ芯(縦)	[A] 12レーン51cm：11本	
	[B] 12レーン61cm：2本	
タテ芯(横)	12レーン63cm：6本	
アミ芯	12レーン68cm：9本	
縁どめ芯	(外) 12レーン69cm：1本	
	(中) 3レーン68cm：1本	
	(内) 12レーン68cm：1本	
持ち手	(外) 12レーン50cm：2本	
	(内) 12レーン23cm：2本	
巻きひも	2レーン5m：2本	

作り方

1 底どめ をします

2 底組み をします

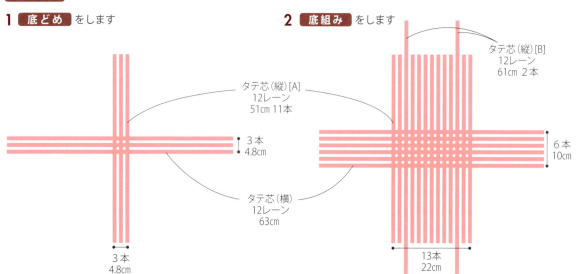

- タテ芯(縦)[A] 12レーン 51cm 11本
- 3本 4.8cm
- タテ芯(横) 12レーン 63cm
- タテ芯(縦)[B] 12レーン 61cm 2本
- 6本 10cm
- 13本 22cm

3 立ち上げ 側面編み をします

4 仕上げ をします

- ★1cm重ねて貼る
- ※表記してある寸法で切り実寸に合わせる
- アミ芯 12レーン 68cm
- ③タテ芯[B]以外のタテ芯を切る
- 1.4cm
- 15cm
- ②輪編み 9本
- ①立ち上げる

[持ち手]
- 持ち手(内) 12レーン 40cm
- 持ち手(外) 12レーン 50cm
- タテ芯
- 巻きひも 2レーン 5m

①持ち手をつける
②縁どめ

[縁どめ]
- ①縁どめ芯(外) 12レーン 69cm
- つき合わせ
- ②縁どめ芯(中) 3レーン 68cm
- ③縁どめ芯(内) 12レーン 68cm

※表記してある寸法で切り実寸に合わせる

1 底どめ

❶ タテ芯(縦)[A] 3本とタテ芯(横) 3本を交互に重ねて底どめをします。
※P.15 1 ❶〜❹参照。

2 底組み

❶ 横22cmにタテ芯(縦)計13本、縦10cmにタテ芯(横)計6本を交互に入れます。★は60cmのタテ芯(縦)[B]です。
※P.15 2 ❶〜❹参照。

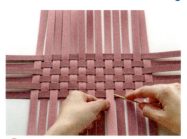

❷ 角と上に出ているタテ芯を、下のタテ芯にボンドでとめます。

3 立ち上げ｜側面編み

❶ 底の端に定規などをあて、タテ芯を立ち上げます。

❷ 輪編みをします。アミ芯の輪を作り、タテ芯に交互に通します。アミ芯のつなぎめは、タテ芯に隠れる位置にします。
※アミ芯の輪の作り方はP.16 3 ❸〜❺参照。

❸ ところどころボンドでとめながら、アミ芯を交互に通します。

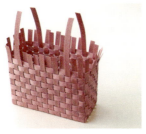

❹ 高さ15cmに、アミ芯計9本を通します。

4 仕上げ

❶ 持ち手(外)を★のタテ芯にそって、アミ芯の上端から40cmのアーチになるよう差し込みます。

❷ タテ芯と持ち手(外)をボンドで貼り合わせます。

❸ 持ち手(内)を、持ち手の2重になっていないところにボンドで貼ります。

❹ 余分を切ります。

❺ 12レーンのガイド(材料外)をアミ芯の上端に合わせ、ガイドに合わせてタテ芯を切ります。

仕上げ

❻ 切れたところです。

❼ 縁どめ芯(外)を輪にしてかぶせます。
※輪の作り方はP.16 ❸〜❺参照。

❽ ❼にタテ芯を、上3レーン分あけてボンドで貼ります。

❾ 縁どめ芯(中)を、縁どめ芯(外)の上端に合わせてボンドで貼ります。

❿ 1周し、つき合わせで余分を切ります。

⓫ 縁どめ芯(内)を、上端に合わせてボンドで貼ります。

⓬ 1周し、1cm重ねて余分を切ります。

⓭ 巻きひもを半分に折り、持ち手の中心にかけます。

⓮ 洗濯ばさみでとめ、1本で持ち手を巻きます。

⓯ 端まで巻き、根元にボンドをつけて持ち手の内側に2〜3cm通します。

⓰ 余分を切ります。

⓱ 反対側も同様に巻いて、できあがり。

P.19 スクエアバッグ (b)

材料
ハマナカエコクラフト
パステルピンク (116) [30m巻] 1巻

できあがり寸法
38cm / 19cm / 12cm / 25.5cm

用意する本数

タテ芯(縦)	[A] 12レーン 58cm : 13本	
	[B] 12レーン 68cm : 2本	
タテ芯(横)	12レーン 71cm : 7本	
アミ芯	12レーン 77cm : 10本	
縁どめ芯	(外) 12レーン 78cm : 1本	
	(中) 3レーン 77cm : 1本	
	(内) 12レーン 77cm : 1本	
持ち手	(外) 12レーン 50cm : 2本	
	(内) 12レーン 21cm : 2本	
巻きひも	2レーン 5m : 2本	

作り方
※詳しい作り方はP.20と共通

タテ芯(縦)[B] 12レーン 68cm
タテ芯(縦)[A] 12レーン 58cm
タテ芯(横) 12レーン 71cm
7本 11.5cm
15本 25cm

1cm重ねて貼る
※表記してある寸法で切り実寸に合わせる

アミ芯 12レーン 77cm
③切る 1.4cm
17.5cm
②輪編み 10本
①立ち上げる

[持ち手]
持ち手(内) 12レーン 38cm
持ち手(外) 12レーン 50cm
巻きひも 2レーン 5m
タテ芯

[縁どめ]
① 縁どめ芯(外) 12レーン 78cm 1本
② 縁どめ芯(中) 3レーン 77cm 1本
③ 縁どめ芯(内) 12レーン 77cm 1本
※表記してある寸法で切り実寸に合わせる

P.19 スクエアバッグ (c)

材料
ハマナカエコクラフト
マロン (114) [30m巻] 1巻
マロン (14) [5m巻] 2巻

できあがり寸法
38cm / 20.5cm / 12cm / 29cm

用意する本数

タテ芯(縦)	[A] 12レーン 61cm : 15本	
	[B] 12レーン 69cm : 2本	
タテ芯(横)	12レーン 78cm : 7本	
アミ芯	12レーン 83cm : 11本	
縁どめ芯	(外) 12レーン 84cm : 1本	
	(中) 3レーン 83cm : 1本	
	(内) 12レーン 83cm : 1本	
持ち手	(外) 12レーン 50cm : 2本	
	(内) 12レーン 21cm : 2本	
巻きひも	2レーン 5m : 2本	

作り方
※詳しい作り方はP.20と共通

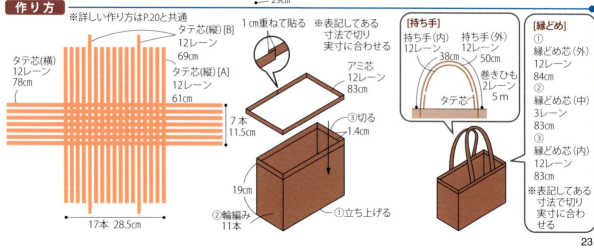

タテ芯(縦)[B] 12レーン 69cm
タテ芯(縦)[A] 12レーン 61cm
タテ芯(横) 12レーン 78cm
7本 11.5cm
17本 28.5cm

1cm重ねて貼る
※表記してある寸法で切り実寸に合わせる

アミ芯 12レーン 83cm
③切る 1.4cm
19cm
②輪編み 11本
①立ち上げる

[持ち手]
持ち手(内) 12レーン 38cm
持ち手(外) 12レーン 50cm
巻きひも 2レーン 5m
タテ芯

[縁どめ]
① 縁どめ芯(外) 12レーン 84cm
② 縁どめ芯(中) 3レーン 83cm
③ 縁どめ芯(内) 12レーン 83cm
※表記してある寸法で切り実寸に合わせる

斜め編み目のバスケット

縦横を交互に編んだら斜めに立ち上げます。
立ち上げた芯どうしを編んでいくので
見た目より、簡単です。

how to make ■ a: P.26 b: P.47

a

■ SQUARE BOTTOM

P.24 斜め編み目のバスケット(a)

材料
ハマナカエコクラフト
こはく(32)[5m巻] 3巻
チョコレート(15)[5m巻] 1巻

用意する本数
- タテ芯(縦) こはく12レーン 54cm：13本
- タテ芯(横) こはく12レーン 54cm：13本
- 縁どめ芯
  - (外) チョコレート12レーン 63.5cm：1本
  - (中) チョコレート2レーン 29cm：4本
  - (内) チョコレート12レーン 61.5cm：1本
- 持ち手 チョコレート12レーン 35.5cm：2本

できあがり寸法

33cm / 9cm / 12cm / 19.5cm

作り方

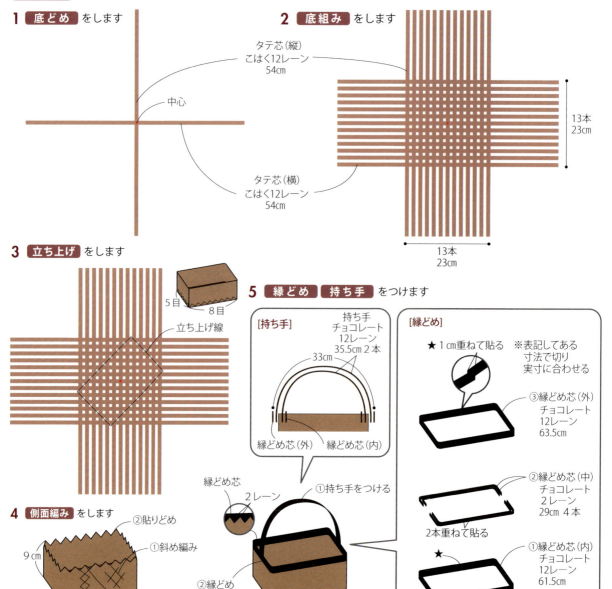

1. **底どめ**をします
2. **底組み**をします — タテ芯(縦) こはく12レーン 54cm / タテ芯(横) こはく12レーン 54cm / 13本 23cm
3. **立ち上げ**をします — 5目 8目 / 立ち上げ線
4. **側面編み**をします — ②貼りどめ / ①斜め編み / 9cm / 4段
5. **縁どめ・持ち手**をつけます
   - [持ち手] 持ち手チョコレート12レーン 35.5cm 2本 / 33cm / 縁どめ芯(外) 縁どめ芯(内)
   - ①持ち手をつける / ②縁どめ
   - 縁どめ芯 2レーン
   - [縁どめ] ★1cm重ねて貼る ※表記してある寸法で切り実寸に合わせる
     - ③縁どめ芯(外) チョコレート12レーン 63.5cm
     - ②縁どめ芯(中) チョコレート2レーン 29cm 4本 / 2本重ねて貼る
     - ①縁どめ芯(内) チョコレート12レーン 61.5cm

1 底どめ

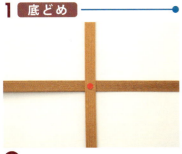

① タテ芯(横)の上にタテ芯(縦)を十字に重ねて中心をボンドでとめます。

※中心にはわかりやすいようにシール(●)を貼っています。

2 底組み

① タテ芯(横)の上下にタテ芯(横)を交互に計13本入れます。

② タテ芯(縦)の左右にタテ芯(縦)を交互に重なるように入れます。

③ ②の左右にタテ芯(縦)を交互に重なるように計13本入れ、霧吹きをして縦横各23cm幅につめます。

④ 上に出ているタテ芯を、下のタテ芯にボンドでとめます。

※立ち上げの位置に、わかりやすいようにシール(○)を貼っています。

3 立ち上げ / 側面編み

① 角からタテ芯5本めと6本めの間(シールの位置)に定規などをあてます。

② 角を立ち上げます。

③ 反対側の角も立ち上げ、残りは角と角を結んだ線で立ち上げます。折り目の位置に霧吹きをし、しっかり折ります。

④ 角を裏から見たところです。

⑤ 斜め編みをします。④の角のタテ芯2本を持ち、右のタテ芯を左のタテ芯の下に通します。

⑥ 続けて隣のタテ芯の上に通します。

⑦ 続けて隣のタテ芯の下、上、下と通します。

側面編み

8 1段編めました。

9 同様に、右側のタテ芯を上、下、上、下、上と通します。

10 同様に、右側のタテ芯を下、上、下、上、下と交互に編みます。

11 繰り返し、1面編めたところです。

12 同様に繰り返して1周し、霧吹きをして間をつめます。

13 最後の段(7目め)のタテ芯を、ボンドで貼り合わせます。

14 余分なタテ芯を切ります。

15 本体ができました。

4 持ち手

1 持ち手2本をカーブさせ、両端1.5cmあけてボンドで貼り合わせます。

2 貼り合わせたところです。

3 側面の中心を1cmはさみ、ボンドで貼ります。

4 反対側も同様に貼ります。

5 縁どめ

❶ 縁どめ芯(内)を、上端から2レーン分あけて内側にボンドで貼ります。

❷ 1周し、1cm重ねて余分を切ります。

❸ 縁どめ芯(中)を、持ち手の横から上端に合わせてボンドで貼ります。

❹ 持ち手の反対側まで貼り、余分を切ります。

❺ ❹の上に、縁どめ芯(中)をもう1本重ねて貼ります。反対側も同様に貼ります。

❻ 縁どめ芯(外)を上端に合わせてボンドで貼ります。

❼ 1周し、1cm重ねて余分を切ります。

❽ できあがり。

ワンポイントアドバイス

霧吹きの使い方

霧を吹くと、テープが柔らかくなります

交互に組むと、隙間ができてしまいますが、霧を吹いてつめると、きれいに並べることができます。

霧を少し吹いて、中心からつめていきます。

※霧を吹きすぎると、テープが柔らかくなりすぎて形が崩れるので、注意しましょう。

ふたつきボックス

格子に編んで細いのを斜めに通すと、こんなに素敵な模様に。
見た目より簡単!
ふたは底をもう1枚編んで端の始末をするだけ。
仕上げにお花やリボンをつけて。

how to make ■ a: P.32 b: P.36

b

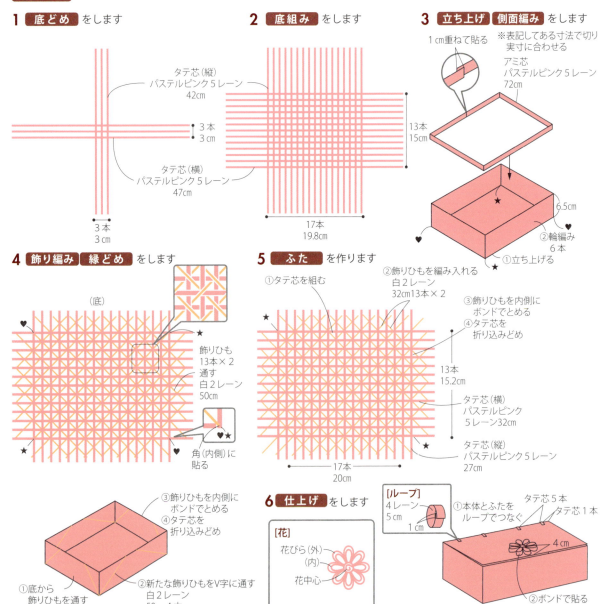

1 本体底

❶ 横19.8cmにタテ芯(縦)17本、縦15cmにタテ芯(横)13本の底を作ります。
※底の作り方はP.15 **1,2** 参照。

2 立ち上げ / 側面編み

❶ 底の端に定規などをあて、タテ芯を立ち上げます。

❷ 輪編みをします。アミ芯の輪を作り、タテ芯に交互に通します。
※アミ芯の輪の作り方はP.16 **3** ❸〜❺参照。

❸ 高さ6.5cmにアミ芯計6本を通します。

3 飾り編み

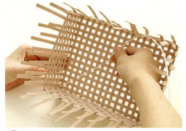

❶ 飾りひもを通します。内側の角に飾りひもをボンドで貼り、写真のように交互に通します。

❷ 続けて側面にも通します。

❸ 反対側の角からも同様に通し、写真のように全体に通します。(角以外は、両側を側面に通します)

❹ ❸とクロスするように反対向きに飾りひもを通し、底からの飾りひもがない部分に新たな飾りひもをV字に通します。♥の角、★の角は、外側から見るとこうなっています。

4 縁どめ

❶ 内側の飾りひもをアミ芯の上端に合わせて切り、外側の飾りひもを上端からの長さ2cmで切ります。

❷ 内側の飾りひもをタテ芯にボンドでとめます。

❸ 外側の飾りひもを折り返し、タテ芯にボンドでとめます。

縁どめ

❹ アミ芯の内側になっているタテ芯をボンドでとめます。

❺ 折り込みどめをします。タテ芯を折り返し、内側のアミ芯に通します。

❻ 余分なタテ芯を切ります。

❼ 本体のできあがりです。

5 ふた

❶ 横20cmにタテ芯(縦)計17本、縦15.2cmにタテ芯(横)計13本の底を作ります。※底の作り方はP.15 **1,2** 参照。

❷ 飾りひもを通します。角に飾りひもを貼り、写真のように交互に通します。

❸ 同様に、全体に飾りひもを通します。（角以外は、両側を出します）

❹ ❸とクロスするように、反対向きに飾りひもを通します。

❺ 内側の飾りひもをタテ芯の端に合わせて切ります。

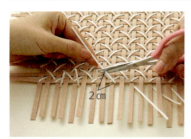

❻ 外側の飾りひもをタテ芯の端からの長さ2cmで切ります。

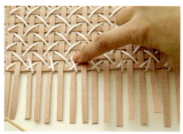

❼ 内側の飾りひもをボンドでとめ、外側の飾りひもをタテ芯にボンドでとめます。

❽ 角のタテ芯(横)を折り返し、余分を切ってボンドでとめます。

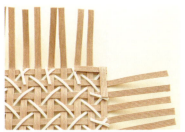

9 ❽の角のタテ芯(縦)を折り返し、同様にとめます。

10 同様に、残りの角のタテ芯をとめます。

11 折り込みどめをします。タテ芯を折り返し、内側のタテ芯に通します。

12 余分なタテ芯を切ります。

13 ふたができました。(裏側です)

14 表側です。

15 ループをえんぴつなどで丸めます。

16 ふたと本体の端に通します。

17 輪にしてボンドでとめます。

18 同様に、均等に計4か所とめます。

6 仕上げ

1 花中心を端から巻きます。

2 ボンドでとめます。

仕上げ

❸ 花びらをえんぴつなどで丸めながら2つ折りします。

❹ 花びら（内）の根元をボンドでとめます。

❺ ❹の外側に花びら（外）をボンドで貼ります。8個作ります。

❻ 花中心のまわりに花びらをボンドで貼ります。

❼ ふたに花をボンドでつけて、できあがり。

P.31 ふたつきボックス(b)

材料
ハマナカエコクラフト
パステルブルー(18)
[5m巻] 4巻
白(2) [5m巻] 1巻

できあがり寸法

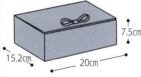

7.5cm / 15.2cm / 20cm

※本体の作り方はP.32と共通

用意する本数
[本体]
タテ芯（縦）	パステルブルー 5レーン 42cm	17本
タテ芯（横）	パステルブルー 5レーン 47cm	13本
アミ芯	パステルブルー 5レーン 72cm	6本
飾りひも	白2レーン 50cm	30本

[ふた]
タテ芯（縦）	パステルブルー 5レーン 27cm	17本
タテ芯（横）	パステルブルー 5レーン 32cm	13本
飾りひも	白2レーン 32cm	26本
ループ	パステルブルー 5レーン 5cm	4本
リボン	パステルブルー 10レーン （リボン）18cm	1本
	（中心）4.3cm	1本

リボンの作り方

❶ リボンを輪にし、1cm重ねてボンドでとめます。

❷ 中心をボンドでとめます。

❸ リボン中心を巻き、裏側でボンドでとめます。

リボンのティッシュケース

四角い箱を編んで、底の中心を切り取ると
ティッシュケースができます。
細いリボンを飾ってエレガントに。
how to make ■ P.38

SQUARE BOTTOM

P.37 リボンのティッシュケース

材料
ハマナカエコクラフト
マロン(14)[5m巻] 2巻

できあがり寸法

用意する本数
タテ芯（縦）	[A] 9レーン 37cm：10本
	[B] 3レーン 37cm：9本
タテ芯（横）	[A] 9レーン 49cm：5本
	[B] 3レーン 49cm：6本
アミ芯	[A] 9レーン 77cm：3本
	[B] 3レーン 77cm：2本
リボン	（上）3レーン 17cm：1本
	（下）3レーン 52cm：1本
	（中心）3レーン 2cm：1本

作り方

1 底組み をします

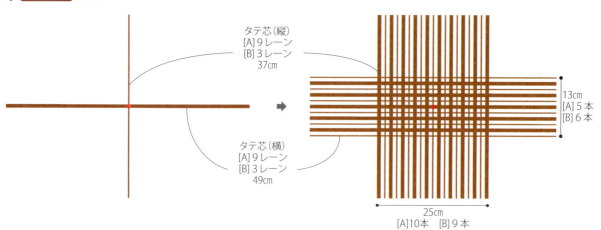

2 立ち上げ 側面編み 縁どめ をします　　**3** 仕上げ をします

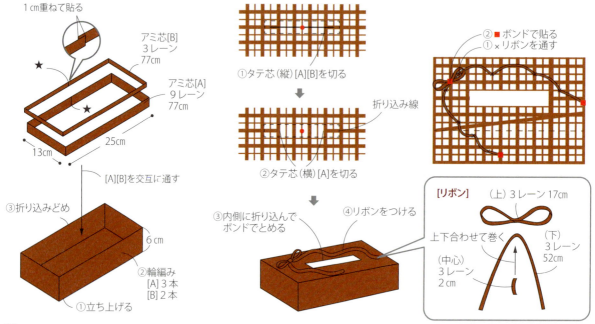

1 底組み

 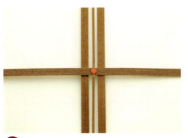 

❶ タテ芯（横）[A]の上にタテ芯（縦）[B]を十字に重ねます。

❷ ❶の左右に、タテ芯（縦）[A]を下に入れます。
※中心にはわかりやすいようにシール（●）を貼っています。

❸ ❷の上と下に、交互に重なるようにタテ芯（横）[B]を入れます。

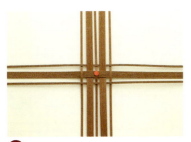 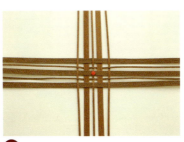 

❹ 左右にタテ芯（縦）[B]を入れます。

❺ 上下にタテ芯（横）[A]を入れます。

❻ 交互に重なるように繰り返し、タテ芯（縦）計19本、タテ芯（横）計11本を入れます。

 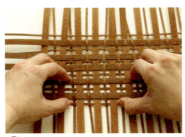 

❼ 霧吹きをします。

❽ 縦13cm横25cmにし、間を均等に整えます。

❾ 上になっているタテ芯を、下のタテ芯にボンドでとめます。

2 立ち上げ／側面編み

❶ 端に定規などをあて、タテ芯を立ち上げます。

❷ 立ち上げたところです。

❸ 輪編みをします。アミ芯を輪にし、1cm重ねてボンドでとめ、縦13cm横25cmの四角に折ります。

側面編み

④ アミ芯[A]をタテ芯に交互に通します。

⑤ アミ芯[B]をタテ芯に交互に通します。

⑥ 高さ6cmにアミ芯計5本を交互に通します。

3 縁どめ

① 端からの高さ5cmでタテ芯を切ります。

② 角のタテ芯をアミ芯にボンドでとめます。

③ 折り込みどめをします。タテ芯[A]を内側のアミ芯に通します。

④ 通したところです。

⑤ タテ芯[B]を、アミ芯にボンドでとめます。

⑥ 内側のアミ芯に通します。

⑦ 余分なタテ芯を切ります。

⑧ 本体のできあがり。

4 仕上げ

① 中心4本のタテ芯(縦)[A]を切ります。

❷ 裏返し、中心5本のタテ芯(縦)[B]を切ります。

❸ 切ったタテ芯を、タテ芯(横)[B]の位置で折ります。

❹ タテ芯(縦)[A]の端から2cmの位置で、中心のタテ芯(横)[A]を切ります。

❺ 上になっているタテ芯を、下のタテ芯にボンドでとめます。

❻ 折り返した部分をボンドでとめます。

❼ リボン(上)を輪にしてボンドでとめ、(上)(下)をまとめて(中心)で巻き、ボンドでとめます。

❽ ❼を写真のように編み目に通します。

❾ バランスをみて、リボンの先を編み目に通し、余分を切ってボンドでとめます。

❿ リボンの中心を本体にボンドでとめます。

⓫ できあがり。

斜め模様のスクエアバッグ

格子に斜めを入れた編み方。
1色で仕上げても、素敵に仕上がります。
お花をつけると、また印象が変わります。
how to make ■ a: P.44 b: P.46

SQUARE ■ BOTTOM

a

b

P.42 斜め模様のスクエアバッグ(a)

材料
ハマナカエコクラフト
モスグリーン(112)[30m巻] 1巻

できあがり寸法

36cm / 21cm / 11cm / 28cm

用意する本数

タテ芯(縦)	6レーン61cm：	17本
タテ芯(横)	6レーン78cm：	7本
アミ芯	6レーン81cm：	11本
飾りひも	[A] 5レーン55cm：	4本
	[B] 5レーン80cm：	20本
縁どめ芯	(外) 12レーン81cm：	1本
	(中) 3レーン1m60cm：	1本
	(内) 12レーン79cm：	1本
持ち手	8レーン60cm：	2本
持ち手(内)	8レーン20cm：	2本
巻きひも	2レーン3m60cm：	2本

作り方

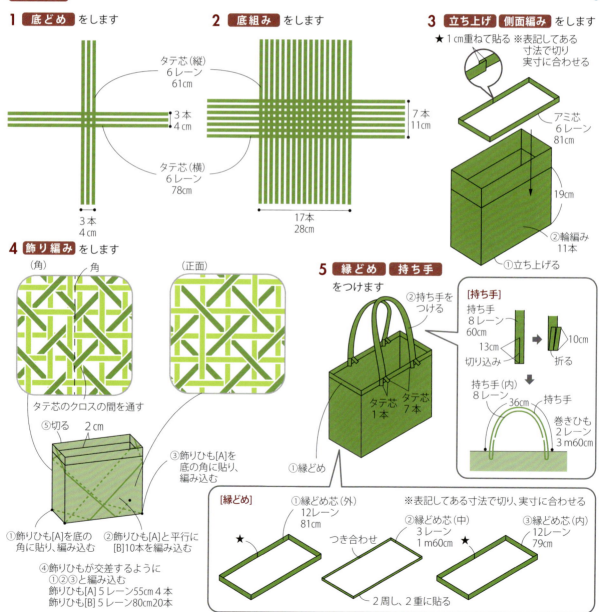

1 底・側面編み

❶ 横28cmにタテ芯(縦)17本、縦11cmにタテ芯(横)7本の底を作り、高さ19cmに11本のアミ芯を通します。
※底・側面の編み方はP.15 ❶〜P.16 ❸参照。

2 飾り編み

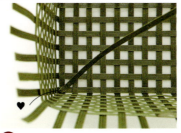

❶ 内側の角(♥)に飾りひも[A]をボンドで貼り、写真のように交互に通します。

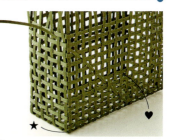

❷ 続けて側面にも通します。

❸ ❷の隣に、飾りひも[B]を通します。(両側を側面に通します)

❹ ❷の反対側の隣に、新たな飾りひも[B]を通します。

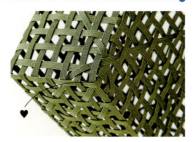

角は写真のようにクロスします。

❺ 同様に、計10本の飾りひも[B]を通し、★の角から飾りひも[A]を通します。

❻ ❺の飾りひもとクロスするように、反対向きに残りの飾りひも[A]と[B]を通します。

❼ 飾りひもをアミ芯にボンドでとめます。(クロスの重なりの上下を揃えて貼ります)

3 縁どめ

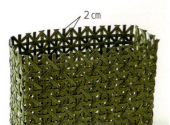

❶ アミ芯の上端から2cmでタテ芯と飾りひもを切ります。

❷ 縁どめ芯(外)を輪にし、底に合わせて四角に折ります。
※輪の作り方はP.16 ❸〜❺参照。

❸ ❷を本体にかぶせます。

縁どめ

4 ❸にタテ芯と飾りひもを、上3レーン分あけてボンドで貼ります。

5 縁どめ芯(中)を、縁どめ芯(外)の上端に合わせてボンドで貼ります。

6 2周し、つき合わせで余分を切ります。

7 縁どめ芯(内)を、上端に合わせてボンドで貼ります。

8 1周し、1cm重ねて余分を切ります。

4 持ち手

1 持ち手の左右に各13cmの切り込みを入れ、写真の位置に差し込んで、10cm折り返してボンドでとめます。

2 持ち手(内)を持ち手(外)の二重になっていない部分に貼り、余分を切ります。

3 巻きひもで巻きます。
※詳しい巻き方はP.22 4 ⓭〜⓰ 参照。

4 反対側も同様に巻いて、できあがり。

P.43 斜め模様のスクエアバッグ(b)

材料
ハマナカエコクラフト
パステルピンク(116)[30m巻] 1巻

できあがり寸法
※作り方はP.44と共通
花の作り方はP.35、36

36cm / 11cm / 28cm / 21cm

用意する本数

タテ芯(縦)	6レーン61cm：17本
タテ芯(横)	6レーン78cm：7本
アミ芯	6レーン81cm：11本
飾りひも	[A] 5レーン55cm：4本
	[B] 5レーン80cm：20本
縁どめ芯	(外)12レーン81cm：1本
	(中)3レーン1m60cm：2本
	(内)12レーン79cm：1本
持ち手	8レーン60cm：2本
持ち手(内)	8レーン20cm：2本
巻きひも	2レーン3m60cm：2本
花中心	5レーン5cm：2本
花びら	(内)5レーン3.5cm：16本
	(外)5レーン4.5cm：16本

P.25 斜め編み目のバスケット(b)

材料
ハマナカエコクラフト
サンド(13) [5m巻] 3巻
マロン(14) [5m巻] 1巻

できあがり寸法
34cm / 14.5cm / 22cm / 8cm

用意する本数
- タテ芯(縦) サンド12レーン50cm：15本
- タテ芯(横) サンド12レーン50cm：15本
- 縁どめ芯 (外)マロン12レーン76cm：1本
- (中)マロン2レーン36cm：4本
- (内)マロン12レーン74cm：1本
- 持ち手 マロン12レーン36cm：2本

作り方
※作り方はP.27〜29参照

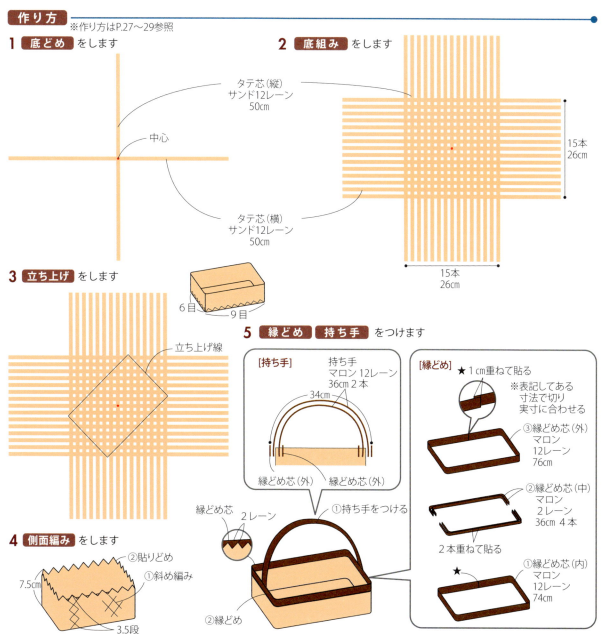

1. 底どめ をします
2. 底組み をします
3. 立ち上げ をします
4. 側面編み をします
5. 縁どめ 持ち手 をつけます

ふたつきソーイングボックス

かご部分は、斜めに広げながら編みます。
ふたのつけ方は見た目より簡単！
ふたの色をかわいく、リボンもポイントです。
how to make ■ P.50

SQUARE BOTTOM

ピクニックバスケット

大きなかごもエコクラフトなら
しっかり安定した形に仕上がります。
お弁当を詰めたら、さあ、ピクニックへ！
how to make ■ P.142

P.48 ふたつきソーイングボックス

材料
ハマナカエコクラフト
白(102)[30m巻] 1巻
さくら(27)[5m巻] 3巻

できあがり寸法

用意する本数

[本体]
底どめ芯(縦)	白6レーン17cm：14本
底どめ芯(横)	白6レーン21.1cm：2本
タテ芯(縦)	白6レーン66cm：13本
タテ芯(横)	白6レーン58cm：9本
補強芯	白6レーン16cm：4本
アミ芯	白4レーン12m：2本 ※つなぎながら編む
編みひも	さくら1レーン2m：5本・2m30cm：5本

[ふた]
底どめ芯(縦)	さくら6レーン13cm：4本
底どめ芯(横)	さくら8レーン16.5cm：14本
タテ芯(縦)	さくら6レーン29cm：18本
タテ芯(横)	さくら6レーン27cm：16本
補強芯	さくら6レーン15cm：1本
編みひも	さくら1レーン1m20cm：10本
ループ	さくら6レーン4.7cm：8本
リボン	(リボン)さくら10レーン17cm：2本
	(中心)さくら10レーン4cm：2本

[軸]
軸	(外)白4レーン25cm：2本
	(内)白4レーン16.5cm：2本
巻きひも	白2レーン1m40cm：1本
ストッパー	白6レーン4cm：2本

[持ち手]
持ち手	(外)・(内)白12レーン39.5cm：各1本
	(中)白12レーン30cm：1本
巻きひも	白2レーン4m40cm：1本

作り方

1 底どめ をします

底どめ芯(横) 白6レーン 21.1cm 2本
14本
貼る
6レーン分あける
底どめ芯(縦) 白6レーン 17cm

2 底組み をします

④裏返し、■の位置に補強芯を貼る
白6レーン 18cm 4本
③タテ芯(横)を交互に通す
9本
13本
①底どめ芯(横)の上にタテ芯(横)を貼る 白6レーン 58cm
②底どめ芯(縦)を置く 白6レーン 66cm

3 立ち上げ 側面編み をします

①立ち上げる
②編みひもを2つ折りにしてかける さくら1レーン 2m 5本
③②で縄編み1周
④アミ芯を貼る 白4レーン 12m 2本 ※アミ芯はつなぎながら編む
⑤側面の左右を広げながら追いかけ編み
⑥アミ芯を1本切る
⑦タテ芯1本ごとに折り返してザル編み
⑧アミ芯1本貼る
⑨⑦と同じ
⑩編みひもを2つ折りにしてかける さくら1レーン 2m30cm 5本
⑪⑩で縄編み1周
⑫中心を残し、折り込みどめ

4 ふた を作ります

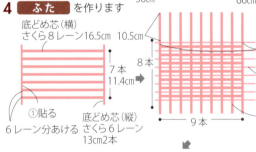

底どめ芯(横) さくら8レーン16.5cm 10.5cm
7本 11.4cm
①貼る
6レーン分あける
底どめ芯(縦) さくら6レーン13cm 2本

8本
9本
②底どめ芯(縦)の上に端のタテ芯(縦)を貼る さくら6レーン29cm
③タテ芯(横)を置く さくら6レーン27cm 8本
④タテ芯(縦)を交互に通す さくら6レーン29cm
※2個作る

[ふたaのループ]
タテ芯 3.5cm 貼る

[ふたbのループ]
ループ さくら6レーン4.7cm 3.5cm 貼る

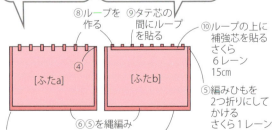

[ふたa]
④
⑧ループを作る
⑦3辺を折り込みどめ
⑥⑤を縄編み

[ふたb]
⑨タテ芯の間にループを貼る
⑩ループの上に補強芯を貼る さくら6レーン15cm
⑤編みひもを2つ折りにしてかける さくら1レーン 1m20cm 5本
⑦4辺を折り込みどめ

5 仕上げ をします

[軸]
④巻きひもを巻く
③折る
①軸(内)を貼る 白4レーン 16.5cm
②軸(外)を貼る 白4レーン 25cm
巻きひも 白2レーン 1m40cm

[ストッパー]
ストッパー 白6レーン 4cm 0.5cm

[リボン] さくら10レーン 4cm 17cm ※作り方はP.36

[持ち手]
33cm (外)
(中)
(内)
タテ芯
(外)12レーン39.5cm
(中)12レーン30cm
(内)12レーン39.5cm
巻きひも 2レーン 4m40cm

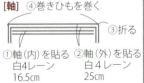

①持ち手をつける
②軸とストッパーを作る
③ふた[a][b]のループを軸に交互に通す
④ストッパーを軸の左右に通す
⑤軸を内側に差し込んで貼る
⑥リボンを貼る

1 本体の底

❶ 底どめ芯で底どめをし、タテ芯(縦)13本(横)9本の底を作ります。

※詳しい組み方はP.53ふたの底組み参照。(本体のタテ芯(縦)はふたの(横)、本体のタテ芯(横)はふたの(縦)です。)

2 立ち上げ　側面編み

❶ 底の端に定規などをあて、タテ芯を立ち上げます。

❷ 1の印の位置に補強芯を貼ります。

❸ 編みひも5本を半分に折り、タテ芯にかけます。

❹ 縄編み(タテ芯の間で1回ねじりながら進む)します。

❺ 縄編みで1周します。

❻ 編みひもを内側にボンドで貼ります。余分は切ります。

❼ アミ芯2本をタテ芯に貼ります。

❽ 追いかけ編み(アミ芯2本を交互に内、外と通す)します。

❾ 左右の側面を少しずつ広げながら、高さ11.5cmまで追いかけ編みをします。

❿ 内側になっているアミ芯1本を切り、ボンドで内側に貼ります。

⓫ 残したアミ芯1本でザル編み(タテ芯の内、外交互に通す)し、端のタテ芯で折り返します。

側面編み

⓬ 折り返し編みをします。左に向かってザル編みし、端のタテ芯で折り返します。

⓭ 1本ずつ手前で折り返しながら、上まで折り返し編みします。

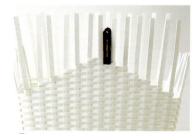

⓮ 中心のタテ芯の裏でアミ芯を切り、貼ります。

⓯ 反対側の角のタテ芯の裏に、アミ芯を貼ります。

⓰ ⓫〜⓮と同様に編みます。

⓱ 編みひも5本を半分に折り、右上のタテ芯にかけ、縄編みをします。

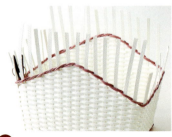

⓲ 1周し、内側にボンドで貼ります。

3 本体の仕上げ

❶ 折り込みどめをします。タテ芯を折り返し、内側のアミ芯に通します。

❷ 余分を切ります。

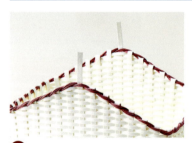

❸ 中心のタテ芯2本は残します。

❹ 持ち手(外)の両端4cmをタテ芯の外側に差し込みます。

❺ タテ芯を持ち手の内側に貼ります。

❻ タテ芯の端から、持ち手(中)を貼ります。反対側のタテ芯の端まで貼り、余分は切ります。

❼ 持ち手(内)を内側に差し込み、❻をはさんで貼ります。

❽ 持ち手を巻きひもで巻きます。
※詳しい巻き方はP.22 ❹ ⓭〜⓰ 参照。

4 ふた

❶ 6レーンのガイド(材料外)を底どめ芯(縦)2本の上端に合わせ、底どめ芯(横)をボンドで貼ります。

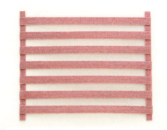
❷ ❶を繰り返し、底どめ芯(横)計7本を均等に貼ります。

❸ タテ芯(縦)2本を、上側10.5cm出して❷をはさんで貼ります。

❹ タテ芯(横)8本を間に置きます。

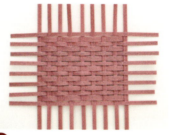
❺ タテ芯(縦)7本を、上下が交互になるように通します。

❻ 編みひも5本を半分に折り、右上のタテ芯にかけ、縄編みをします。

❼ 左上までコの字に編みます。

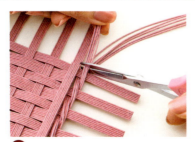
❽ 裏返し、裏側の編みひも5本を端に合わせて切ります。

❾ ❽をボンドで貼ります。

ふた

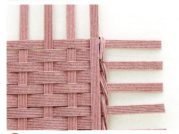

❿ 残った編みひも5本を折り返し、余分を切ってボンドで貼ります。

⓫ 折り込みどめをします。下側のタテ芯(縦)を折り返し、裏側のタテ芯(横)に通します。(角のタテ芯は残します)

⓬ 余分を切ります。

⓭ 右側のタテ芯(横)を折り返し、余分を切ります。

⓮ 角のタテ芯(縦)を折り返して貼り、⓭を折り返して貼ります。

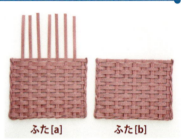

⓯ 左側のタテ芯(横)も同様に貼ります。2枚作り、1枚は上側のタテ芯も折り込みどめします。

5 ふたのループ

❶ ふた[a]の上側のタテ芯(縦)に、端から3.5cmに印をつけ、えんぴつなどで根元を丸めます。

❷ ❶の端を裏側のタテ芯(横)に通します。

❸ 印を端に合わせ、根元をボンドでとめます。

❹ 余分を切ります。

❺ ループをえんぴつなどで丸めます。

❻ 両端0.6cmをボンドでとめます。8個作ります。

❼ ふた[b]裏側のタテ芯とタテ芯の間に❻をボンドで貼ります。

❽ ❼の上に補強芯を貼ります。

6 仕上げ

❶ 軸(内)を2枚貼り合わせます。

❷ ❶の外側に軸(外)を中心をそろえて貼ります。

❸ 左右を❶に合わせて折ります。

❹ ❸の外側に、もう1本軸(外)を貼ります。

❺ ❶の端から端まで、巻きひもで巻きます。
※詳しい巻き方はP.22 ❹ ⓭〜⓰ 参照。

❻ ストッパーをえんぴつなどで丸めます。

❼ 0.5cm重ねてとめます。2個作ります。

❽ 軸をふたのループに交互に通し、両端にストッパーを通します。

❾ 持ち手の内側に、ボンドをつけて差し込みます。

❿ リボンを作り、ボンドで貼って、できあがり。
※詳しいリボンの作り方はP.36参照。

OVAL BOTTOM

楕円底

楕円の底の作り方は2タイプ。

四角の周りをぐるぐる巻いて楕円にするものと
六角形に組んで楕円にするもの。

角が丸いので
ちょっと優しい雰囲気に仕上がります。

LINE UP OVAL BOTTOM

P.58

P.59

P.66

P.67

P.71

P.75

P.78

P.79

P.85

P.88

P.89

基本の楕円底
OVAL BOTTOM

a

持ち手がかわいい楕円かご

楕円底のかごは使いやすいので
ぜひ1つは編んでみましょう。
持ち手でかごの雰囲気が大きく変わります。
2本を真ん中でまとめたタイプです。
how to make ● a: P.60 b: P.65

b OVAL BOTTOM

P.58 持ち手がかわいい楕円かご(a)

材料
ハマナカエコクラフト
クリーム(10) [5m巻] 4巻

できあがり寸法

用意する本数

底どめ芯(縦)	6レーン 9.3cm：2本
底どめ芯(横)	8レーン 16.5cm：6本
タテ芯(縦)	6レーン 44cm：9本
タテ芯(横)	6レーン 51cm：5本
タテ芯(増し芯)	6レーン 17cm：8本
アミ芯(底)	2レーン 3m70：2本
アミ芯(側面)	4レーン 5m80：2本
	※つなぎながら編む
縁編みひも	5レーン 3m50：1本
持ち手	6レーン 49cm：4本
巻きひも	2レーン 90cm：1本

作り方

1 底どめ をします

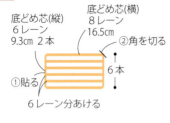

2 底組み をします

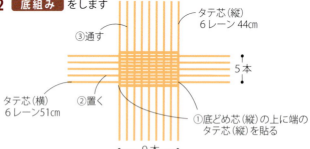

3 底編み をします

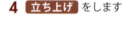

4 立ち上げ をします

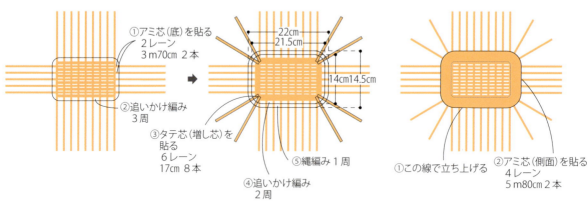

5 側面編み 縁どめ をします

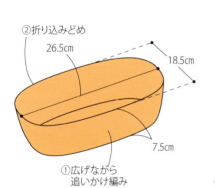

6 縁どめ 持ち手 をつけます

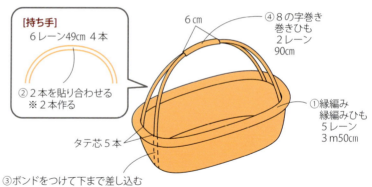

1 底どめ

❶ 底どめ芯(縦)2本に底どめ芯(横)をボンドで貼ります。

❷ 6レーンのガイド(材料外)を置き、底どめ芯(横)を貼ります。

❸ ❷を繰り返し、底どめ芯(横)計6本を均等に貼ります。

❹ 角を切ります。

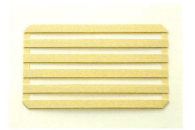

❺ 4か所とも切ります。

2 底組み

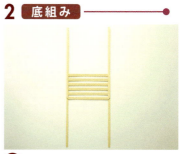

❶ 底どめ芯(横)をはさんでタテ芯(縦)2本を貼ります。

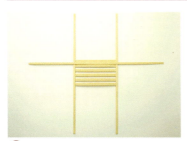

❷ タテ芯(横)を間に置きます。

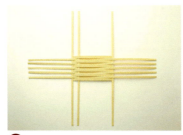

❸ 計5本置き、タテ芯(縦)を交互に通します。

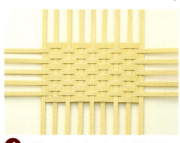

❹ 同様に、計7本のタテ芯(縦)を通します。

3 底編み

❶ 裏返し、アミ芯(底)2本を、写真のようにタテ芯に貼ります。

❷ 表に返し、追いかけ編み(アミ芯2本を交互に上、下と通す)します。

❸ 追いかけ編みで3周します。

底編み

❹ 裏返し、増し芯2本を角に貼ります。

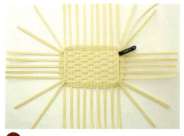
❺ 同様に、残りの角にも増し芯を貼ります。

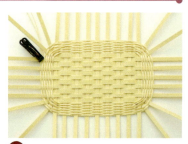
❻ 表に返し、続けて追いかけ編みを2周します。

❼ 縄編みをします。

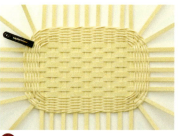
❽ 1周し、余分を切って裏側にボンドでとめます。

4 立ち上げ／側面編み

❶ 底を裏返し、端に定規などをあて、タテ芯を立ち上げます。

❷ アミ芯（側面）2本を、タテ芯の内側に貼ります。

❸ 追いかけ編みをします。

❹ 追いかけ編みで高さ3cmまで編みます。

❺ 上下を返し、タテ芯を広げながら続けて追いかけ編みをします。

❻ 高さ7.5cmまで編み、余分を切って内側にボンドでとめます。

❼ タテ芯をところどころアミ芯にとめます。

5 縁どめ

❶ 折り込みどめをします。上端でタテ芯を折ります。

❷ ❶を内側のアミ芯に通します。

❸ アミ芯3本分通します。

❹ ❶〜❸をくり返し、余分なタテ芯を切ります。

❺ 切ったところです。

❻ 縁編み(1本)をします。縁編みひもを上端のアミ芯に通し、手前に5cm出して折り返します。

❼ 左のひもを、タテ芯を1本はさんだ右隣へ手前から通します。

❽ ❼の♥の輪に下から上へ通します。

❾ ❽を引き締めます。

❿ 同様に、右隣へ手前から通します。

⓫ ❿でできたクロスに、下から上へ通します。

⓬ ❿⓫を繰り返して1周します。

※❽の★位置にわかりやすいようにシール(○)を貼っています。

縁どめ

⓭ はじめのひもを、輪が出てくるまでほどきます。

⓮ 左のひもを右隣へ手前から通し、⓭の輪に下から通します。

⓯ 続けて左のクロスに下から上へ通します。

⓰ ⓭の輪に上から下に通します。

⓱ 上端のアミ芯に手前から通します。

⓲ 引き締めます。

⓳ 余分なひもを切ります。

⓴ 縁編みのはじめとつながるように、端をボンドで貼り合せます。

6 持ち手

❶ 持ち手2本をカーブさせ、貼り合わせます。2本作ります。

❷ 中心から2本目のタテ芯の内側に❶を差し込みます。

❸ 内側にボンドをつけて底まで差し込みます。

❹ 反対側も同様に差し込みます。

※中心にはわかりやすいようにシール(●)を貼っています。

❺ 同様に、もう1本差し込みます。

❻ 持ち手を8の字巻きします。巻きひもを半分に折り、持ち手1本の中心にかけます。

❼ 手前、向こうと8の字にかけます。

❽ ❼をくり返し、3cm巻きます。

❾ 最後は巻きひもの内側に通します。

❿ 根元にボンドをつけて持ち手の内側に1~2cm通します。

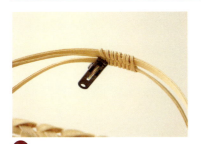

⓫ 余分を切ります。

⓬ 残り半分も同様に巻きます。

⓭ できあがり。

P.59 持ち手がかわいい楕円かご(b)

材 料
ハマナカエコクラフト
パステルピンク(16)[5m巻]4巻

できあがり寸法

35cm / 18.5cm / 26.5cm / 8cm

用意する本数

底どめ芯(縦)	6レーン9.3cm：2本
底どめ(横)	8レーン16.5cm：6本
タテ芯(縦)	6レーン44cm：9本
タテ芯(横)	6レーン51cm：5本
タテ芯(増し芯)	6レーン17cm：8本
アミ芯(底)	2レーン3m70cm：2本
アミ芯(側面)	4レーン5m80cm：2本
	※つなぎながら編む
縁編みひも	5レーン3m50cm：1本
持ち手	6レーン49cm：4本
巻きひも	2レーン90cm：1本

※作り方はP.60と共通

楕円底のおしゃれバッグ

細い幅で編むと繊細な雰囲気に。
途中で幅を変えるだけで表情が出てきます。
持ち手も細めですが、巻いているので丈夫です。
how to make ● a: P.68 b: P.70

a

b

OVAL BOTTOM

P.66 楕円底のおしゃれバッグ(a)

材料
ハマナカエコクラフト
ターコイズグリーン
(133) [30m巻] 1巻
(33) [5m巻] 2巻

できあがり寸法
45cm / 23.5cm / 28cm / 13.5cm

用意する本数
底どめ芯(縦)	6レーン 6.9cm：2本
底どめ芯(横)	10レーン 22cm：4本
タテ芯(縦)	[A] 6レーン 79cm：2本
	[B] 6レーン 73cm：11本
タテ芯(横)	6レーン 87cm：3本
タテ芯(増し芯)	6レーン 32cm：8本
アミ芯(底)	2レーン 4m80cm：2本
アミ芯(側面)	[A] 2レーン 15m：2本
	[B] 4レーン 12m・2レーン 12m：各1本
	[C] 2レーン 10m：2本
	※つなぎながら編む
編みひも	1レーン 3m10cm：6本
持ち手	(外)・(内) 6レーン 53cm：各2本
	(中) 6レーン 27cm：2本
巻きひも	2レーン 4m20cm：2本

作り方

1 底どめ をします

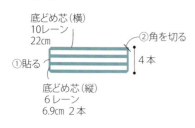

2 底組み をします

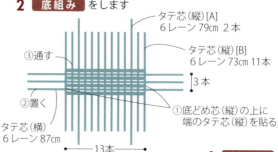

3 底編み をします

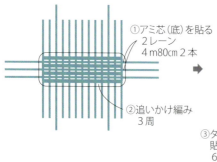

4 立ち上げ をします

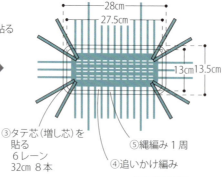

5 側面編み ・ 縁どめ をします

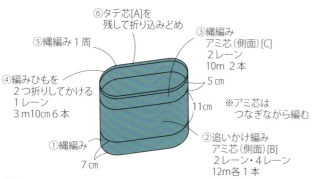

6 持ち手 をつけます

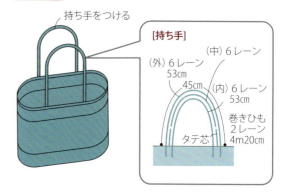

1 底どめ 底組み 底編み

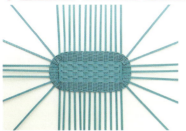

① 作り方図の通りに底どめ・底組みをし、増し芯をしながら底編みをします。
※P.61 **1〜3** 参照。

2 立ち上げ 側面編み

① タテ芯を立ち上げ、2レーンのアミ芯2本をタテ芯の内側にボンドでとめます。

② 縄編みをします。

③ 高さ7cmまで縄編みし、余分を切って内側にとめます。

④ 2レーンのアミ芯[B]をタテ芯の内側に貼り、4レーンのアミ芯[B]を隣に貼ります。

⑤ 追いかけ編みをします。

⑥ 高さ18cmまで追いかけ編みをし、内側にとめ、2レーンのアミ芯2本をつけ、23cmまで縄編みし、余分なアミ芯を切り、内側にとめます。

⑦ 編みひも6本を半分に折り、タテ芯にかけます。

⑧ 縄編みをします。

⑨ 1周し、内側にボンドでとめます。

3 縁どめ

① 持ち手部分以外のタテ芯を内側に折り込みます。
※持ち手位置にはわかりやすいようにシール（●）を貼っています。

② ①を内側のアミ芯に通し、余分を切ります。

4 持ち手

❶ タテ芯と持ち手(中)をはさんで持ち手(外)と(内)をつけます。
※P.92 **6** 参照。

❷ 巻きひもで巻きます。
※P.22 **4** ⓭〜⓰参照。

❸ 反対側も同様に持ち手をつけて、できあがり。

P.67 楕円底のおしゃれバッグ(b)

材料
ハマナカエコクラフト
グレー(120) [30m巻] 1巻

できあがり寸法
37cm / 20.5cm / 12.5cm / 26cm

用意する本数

底どめ芯(縦)	6レーン 6.9cm：2本
底どめ(横)	10レーン 20cm：4本
タテ芯(縦)	[A] 6レーン 72cm：2本
	[B] 6レーン 66cm：9本
タテ芯(横)	6レーン 79cm：3本
タテ芯(増し芯)	6レーン 29cm：8本
アミ芯(底)	2レーン 4m：2本
アミ芯(側面)	[A] 2レーン 13m80cm：2本
	[B] 4レーン 9m20cm：1本
	2レーン 9m20cm：1本
	[C] 2レーン 9m：2本
	※つなぎながら編む
編みひも	1レーン 2m80cm：6本
持ち手	(外)・(内) 6レーン 45cm：各2本
	(中) 6レーン 19cm：2本
巻きひも	2レーン 3m40cm：2本

作り方

1 底どめ をします

底どめ芯(横) 10レーン 20cm
①貼る
②角を切る 4本
底どめ芯(縦) 6レーン 6.9cm 2本

2 底組み をします

タテ芯(縦)[A] 6レーン 72cm 2本
タテ芯(縦)[B] 6レーン 66cm 9本
③通す
②置く
3本
タテ芯(横) 6レーン 79cm
①底どめ芯(縦)の上に端のタテ芯(縦)を貼る
11本

3 底編み 立ち上げ をします

①アミ芯(底)を貼る 2レーン 4m 2本
②追いかけ編み 3周
③タテ芯(増し芯)を貼る 6レーン 29cm 8本
④追いかけ編み
⑤縄編み 1周
⑥この線で立ち上げる
⑦アミ芯(側面)[A]を貼る 2レーン 13m80cm 2本
12cm / 12.5cm / 25.5cm / 26cm

4 側面編み 縁どめ をします

④編みひも2つ折りしてかける 1レーン 2m80cm
⑤縄編み 1周
⑥タテ芯(縦)[A]を残して折り込みどめ
※アミ芯はつなぎながら編む
③縄編み アミ芯(側面)[C] 2レーン 9m 2本
②追いかけ編み アミ芯(側面)[B] 4レーン・2レーン 9m20cm 各1本
①縄編み
4.5cm / 9cm / 6.5cm

5 持ち手 をつけます

持ち手をつける

[持ち手]
(外) 6レーン 45cm
(中) 6レーン 37cm
(内) 6レーン 45cm
巻きひも 2レーン 3m40cm
タテ芯

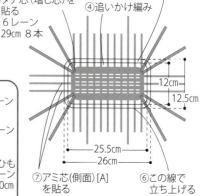

OVAL BOTTOM

横持ち手のパンかご

横に持ち手をつけると違った表情に。
食卓に手編みのかごがあるだけで…
豊かな気持ちになりますね。

how to make ● P.72

P.71 横持ち手のパンかご

材料
ハマナカエコクラフト
茜色(126)[30m巻]1巻

できあがり寸法

用意する本数
底どめ芯(縦)	6レーン11cm：2本
底どめ(横)	10レーン20.5cm：6本
タテ芯(縦)	6レーン46cm：11本
タテ芯(横)	6レーン56cm：5本
タテ芯(増し芯)	6レーン17cm：8本
アミ芯(底)	2レーン6m：2本
アミ芯(側面)	[A]・[C] 2レーン3m50cm：各2本
	[B] 6レーン83cm：4本
	2レーン83cm：3本
縁編みひも	6レーン4m80cm：1本
持ち手	(外) 10レーン34cm：2本
	(内) 10レーン15.5cm：2本

作り方

1 底どめ をします

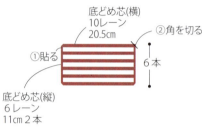

2 底組み をします

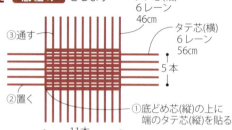

3 底編み をします

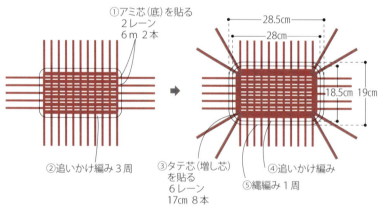

4 立ち上げ をします

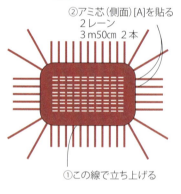

5 側面編み 縁どめ をします

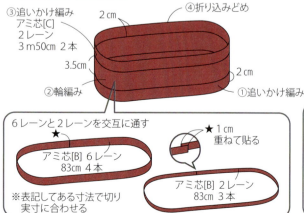

6 縁どめ 持ち手 をつけます

[持ち手]

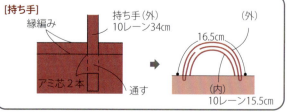

1 底どめ 底組み 底編み

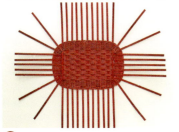

❶ 作り方図の通りに底どめ・底組みをし、増し芯をしながら底編みをします。
※P.61 ❶〜❸参照。

2 立ち上げ 側面編み

❶ 底の端に定規などをあて、タテ芯を立ち上げます。

❷ 全てのタテ芯を立ち上げます。

❸ アミ芯[A] 2本をタテ芯の内側にボンドでとめます。

❹ 追いかけ編みをします。

❺ 高さ2cmまで追いかけ編みし、余分を切って内側にとめます。

❻ 輪編みをします。アミ芯[B]を輪にしてとめます。
※アミ芯の輪の作り方はP.16 ❸〜❺参照。

❼ ❻を交互に通します。

❽ 6レーンの輪、2レーンの輪を交互に計7本通します。

❾ アミ芯[C] 2本をタテ芯の内側にボンドでとめます。

❿ 高さ7.5cmまで追いかけ編みし、余分を切ってボンドでとめます。

3 縁どめ

❶ 折り込みどめをします。タテ芯を内側に折り込みます。

縁どめ

❷ ❶を内側にアミ芯に通します。

❸ 余分なタテ芯を切ります。

❹ 上端のアミ芯2本の下に縁編みひもを通します。

❺ 縁編みをします。
※P.63 **5** 参照。

❻ 1周します。

4 持ち手

❶ 縁編みの下のアミ芯2本に、タテ芯5本の間をあけて持ち手を通します。

❷ つき合わせになるように折り返し、ボンドでとめます。

❸ 内側に持ち手(内)を貼ります。

❹ 反対側も同様に持ち手をつけて、できあがり。

ワンポイントアドバイス

洗濯ばさみが便利

ボンドを貼った後、押さえます

前の段が浮いてこないように、とめます

タテ芯を切るときに、ガイドを押さえます

OVAL BOTTOM

持ち手つきマガジンラック

散らかりがちなものを入れるインテリアバッグ。
雑誌や新聞がすぽっと入るサイズです。
持ち手がついているので持ち運びに便利。

how to make ● P.76

P.75 持ち手つきマガジンラック

材料
ハマナカエコクラフト
あいいろ（122）
［30m巻］1巻

できあがり寸法
39cm ／ 25cm ／ 14.5cm ／ 25.5cm

用意する本数
底どめ芯（縦）	6レーン 7.8cm：2本
底どめ芯（横）	6レーン 18.8cm：6本
タテ芯（縦）	6レーン 73cm：13本
タテ芯（横）	6レーン 94cm：1本、6レーン 84cm：4本
タテ芯（増し芯）	6レーン 32cm：8本
アミ芯（底）	2レーン 4m80cm：2本
アミ芯（側面）	[A]・[C] 3レーン 7m：各2本 ※つなぎながら編む
	[B] 3レーン 73cm：11本、9レーン 73cm：10本
持ち手	（外）・（内）18レーン 49cm：各1本
	※12レーン＋6レーン
	（中）18レーン 21cm：1本 ※12レーン＋6レーン
縁どめ芯	（外）・（内）12レーン 72cm：各1本
	（中）3レーン 33cm：2本
巻きひも	2レーン 7m50cm：1本 ※つなぎながら巻く

作り方

1 底どめ をします
- ①貼る
- 6レーン分あける
- 底どめ芯（縦）6レーン 7.8cm 2本
- 底どめ芯（横）6レーン 18.8cm 6本
- ②角を切る

2 底組み をします
- ①底どめ芯（縦）の上に端のタテ芯（縦）を貼る
- タテ芯（縦）6レーン 73cm
- ②置く
- ③通す
- タテ芯（横）6レーン 84cm 4本、6レーン 94cm 1本
- 13本 / 5本

3 底編み をします
- ①アミ芯（底）を貼る 2レーン 4m80cm 2本
- ②追いかけ編み 3周
- ③タテ芯（増し芯）を貼る 6レーン 32cm 8本
- ④追いかけ編み
- ⑤縄編み 1周
- 25.5cm / 25cm / 14cm / 14.5cm

4 立ち上げ をします
- ①この線で立ち上げる
- ②アミ芯（側面）[A]を貼る 3レーン 7m 2本
- ※アミ芯はつなぎながら編む

5 側面編み をします
- ①縄編み
- ②輪編み
- ③縄編み アミ芯[C] 3レーン 7m 2本
- ④中心のタテ芯を残して切る
- 1cm / 4.5cm / 4.5cm / 14.5cm
- 9レーンと3レーンを交互に通す
- ★1cm重ねて貼る
- アミ芯[B] 3レーン 73cm 11本
- アミ芯[B] 9レーン 73cm 10本

6 仕上げ をします
- ①持ち手をつける
- ②縁どめ

[持ち手]
- 持ち手（外）（内）18レーン 49cm 各1本
- 6レーン / 12レーン / 4レーン / 4cm
- ①ボンドで貼る
- ②切る
- 巻きひも 2レーン 7m50cm
- 39cm（外）（中）（内）18レーン
- タテ芯

[縁どめ] ※表記してある寸法で切り実寸に合わせる
- 縁どめ芯（外）12レーン 72cm
- 縁どめ芯（中）3レーン 33cm 2本
- 縁どめ芯（内）12レーン 72cm

1 底どめ 底組み 底編み

❶ 作り方図の通りに底どめ・底組みをし、増し芯をしながら底編みをします。
※P.61 **1**〜**3**参照。

2 立ち上げ 側面編み

❶ タテ芯を立ち上げ、アミ芯[A]2本をタテ芯の内側にボンドでとめます。

❷ 縄編みをします。

❸ 高さ4.5cmまで縄編みし、内側にボンドでとめます。

❹ アミ芯[B]を輪にしてとめ、3レーンを通します。
※アミ芯の輪の作り方はP.16 **3** ❸〜❺参照。

❺ 次に9レーンの輪を通します。3レーン、9レーンを交互に通します。

❻ 計21本通し、❶❷と同様にアミ芯[C]で高さ23.5cmまで縄編みします。

3 仕上げ

❶ 12レーンと6レーンをボンドで貼り合わせ、18レーンを作ります。持ち手のサイズに切ります。

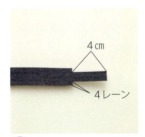

❷ 持ち手(外)(内)の両角4レーンを4cm切ります。

❸ 側面の中心のタテ芯以外を上端から1cmで切り、持ち手(外)を、残したタテ芯の外側に差し込みます。

❹ タテ芯と持ち手(外)をボンドで貼り合わせます。

❺ 持ち手(外)の裏にタテ芯とつき合わせて持ち手(中)を貼り、余分を切ります。

❻ 持ち手(内)を内側に貼り、縁どめ芯(外)を輪にして貼ります。
※P.22 **4** ❼〜❽参照。

❼ 縁どめ芯(中)を持ち手をよけて上端に貼り、縁どめ芯(内)を貼ります。
※P.22 **4** ❾〜⓬参照。

❽ 巻きひもで巻いて、できあがり。
※P.22 **4** ⓭〜⓰参照。

まっすぐに編めないとき

できあがりの大きさの型を厚紙で作ります。型にかぶせて側面を編むと、きれいにまっすぐ編めます。

六角底のバッグ

六角形に編んでいきます。
ちょっと難しそうですが、隙間がある分早く編めます。
色の組み合わせも楽しんで。
how to make ● a: P.80 b: P.84

OVAL BOTTOM

b

P.78 六角底のバッグ(a)

材料
ハマナカエコクラフト
マロン(14)[5m巻] 3巻
サンド(13)[5m巻] 2巻

できあがり寸法

用意する本数

タテ芯	[A] マロン6レーン 78cm：4本	
	[B] マロン6レーン 60cm：18本	
アミ芯	マロン6レーン 67cm：6本	
飾りひも	[A] サンド4レーン 78cm：3本	
	[B] サンド4レーン 60cm：16本	
	[C] サンド4レーン 26cm：6本	
	[D] サンド4レーン 67cm：6本	
縁どめ芯	(外) マロン12レーン 68cm：1本	
	(中) マロン3レーン 1m34cm：1本	
	(内) マロン12レーン 66cm：1本	
持ち手	(外) マロン8レーン 65cm：2本	
	(内) マロン8レーン 25cm：2本	
巻きひも	マロン2レーン 4m10cm：2本	

作り方

1 底組み をします

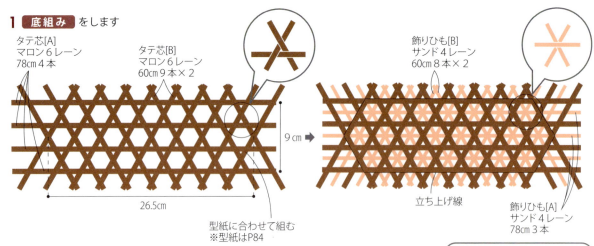

2 立ち上げ 側面編み をします

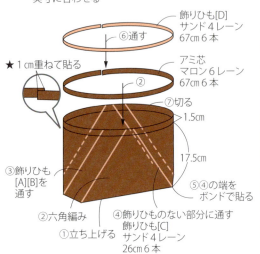

3 縁どめ 持ち手 をつけます

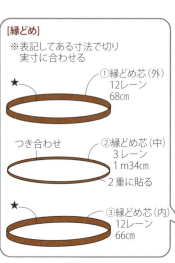

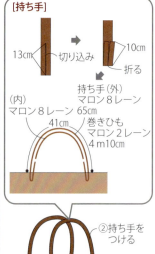

1 底組み

❶ タテ芯[A]を横に4本、[B]を斜めに9本ずつの六角の底を作ります。
※P.110 1 参照。

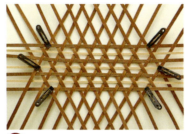

❷ 飾りひも[A]を、タテ芯のクロスの間を通しながら横に3本通します。

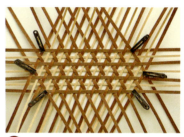

❸ 飾りひも[B]を、タテ芯のクロスの間を通しながら斜めに8本通します。

❹ 飾りひも[B]を、タテ芯のクロスの間を通しながら❸と逆の斜めに8本通します。

❺ 霧吹きをし、型紙に合わせて間をつめ、形を整えます。

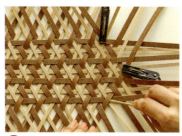

❻ 角のタテ芯をボンドでとめます。

❼ 上になっている芯を、下にとめます。

2 立ち上げ 側面編み

❶ 底の端に定規などをあて、タテ芯を立ち上げます。

❷ 全てのタテ芯を立ち上げます。

❸ 六角編みをします。タテ芯を同じ向きにクロスさせ、タテ芯にアミ芯をとめ、写真のように交互に通します。

❹ 1周し、1cmののり代を残して余分を切り、輪にしてボンドでとめます。

❺ 1段編めました。上のクロスが、下のクロスと同じ向きか確認します。

| 立ち上げ | 側面編み |

❻ 全てのアミ芯を❹の長さに切り、❸❹と同様に通します。

❼ 右向きの飾りひもを、タテ芯のクロスの間を通しながら右上方向に通します。

❽ 同じ向きに通して1周します。

❾ 同様に、左向きの飾りひもを、重なりを揃えながら左上方向に通します。

❿ 角はこうなります。

⓫ 飾りひもの通っていないところに、飾りひも[C]を上から通します。

⓬ 角まで通し、端をボンドでとめます。残りの飾りひも[C]も同様に通します。

⓭ 飾りひも[D]を、重なりを揃えながら横に通します。

⓮ 1周し、1cmののり代を残して余分を切り、輪にしてボンドでとめます。

⓯ 全ての飾りひも[D]を⓮の長さに切り、⓭⓮と同様に通します。

⓰ 側面に霧吹きをし、型紙に合わせて高さ17.5cmに間をつめ、形を整えます。

3 縁どめ

❶ 縁どめ芯(外)を本体に合わせ、1cmののり代を残して余分を切り、輪にしてとめます。

2 ❶を上端から1.5cmに合わせて仮どめします。

3 ❷の上端に合わせてタテ芯と飾りひもを切ります。

4 縁どめ芯(外)を上3レーン分あけた位置にずらします。

5 タテ芯と飾りひもを縁どめ芯(外)の内側にとめます。

6 1周します。

7 縁どめ芯(中)を、縁どめ芯(外)の上端に合わせてボンドで貼ります。

8 2周し、つき合わせで余分を切ります。

9 縁どめ芯(内)を、上端に合わせてボンドで貼ります。

10 1周し、1cm重ねて余分を切ります。

4 持ち手

❶ 持ち手の中心に13cmの切り込みを入れます。反対側にも入れます。

❷ ❶を端から10cmの位置で折り返します。

❸ 正面の中心から5cmあけて、持ち手を先を分けて差し込みます。

持ち手

❹ 折り返してボンドでとめます。反対側の端も同様にとめます。

❺ 持ち手(内)を重なりのない部分に貼り、余分を切ります。

❻ 巻きひもで巻きます。
※P.22 ❹ ⓭〜⓰参照。

❼ 反対側も同様に持ち手をつけて、できあがり。

実物大型紙

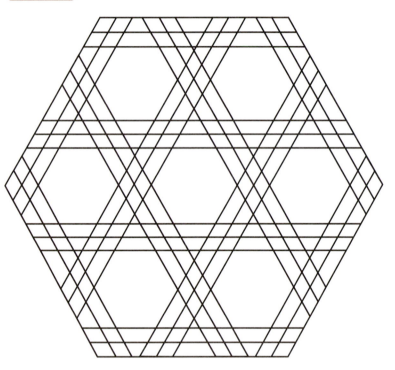

P.79 六角底のバッグ(b)

材料
ハマナカエコクラフト
チョコレート(15)[5m巻] 3巻
つゆ草(28)[5m巻] 2巻

できあがり寸法
41cm / 26.5cm / 9cm / 19.5cm

用意する本数
タテ芯	[A]	チョコレート6レーン78cm：4本
	[B]	チョコレート6レーン60cm：18本
アミ芯		チョコレート6レーン67cm：6本
飾りひも	[A]	つゆ草4レーン78cm：3本
	[B]	つゆ草4レーン60cm：16本
	[C]	つゆ草4レーン26cm：6本
縁どめ芯	(外)	チョコレート12レーン68cm：1本
	(中)	チョコレート3レーン1m34cm：1本
	(内)	チョコレート12レーン66cm：1本
持ち手	(外)	チョコレート8レーン65cm：2本
	(内)	チョコレート8レーン25cm：2本
巻きひも		チョコレート2レーン4m10cm：2本

※作り方はP.80と共通で、飾りひも[D]は無しで作る。

OVAL BOTTOM

ゆかたバッグ

ちょっと小さめのゆかたバッグです。
隙間があってもエコクラフトなら丈夫に作れます。
巾着を入れて使いましょう。

how to make ● P.86

P.85 ゆかたバッグ

材　料

ハマナカエコクラフト
黒(6)[5m巻] 2巻
布(ちりめん・ピンク) 50cm×40cm
丸ひも(直径0.5cm・ピンク) 80cm 2本

用意する本数

タテ芯	[A] 6レーン 56cm：	4本
タテ芯	[B] 6レーン 50cm：	14本
アミ芯	6レーン 50cm：	4本
縁どめ芯	(外) 12レーン 51cm：	1本
	(中) 3レーン 50cm：	1本
	(内) 12レーン 50cm：	1本
ジョイント	8レーン 7cm：	4本
持ち手	8レーン 64cm：	2本
巻きひも	2レーン 2m70cm：	2本

できあがり寸法

31cm / 14cm / 9cm / 18cm

※巾着の作り方はP.167

作り方

1 底組み をします

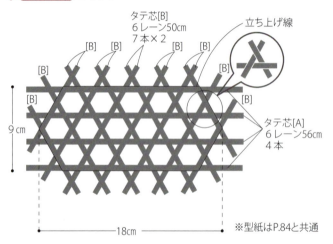

タテ芯[B] 6レーン50cm 7本×2
タテ芯[A] 6レーン56cm 4本
立ち上げ線
9cm / 18cm
※型紙はP.84と共通

2 立ち上げ 側面編み をします

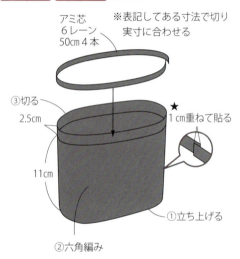

アミ芯 6レーン50cm 4本
※表記してある寸法で切り実寸に合わせる
③切る 2.5cm
1cm重ねて貼る
11cm
①立ち上げる
②六角編み

3 縁どめ 持ち手 をつけます

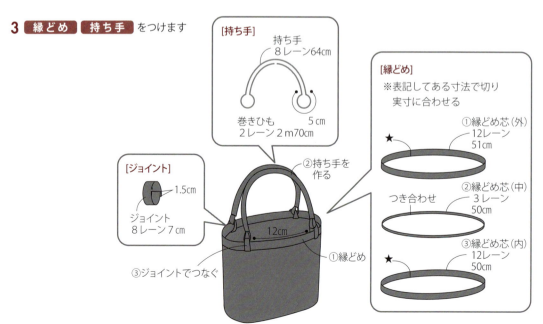

[持ち手] 持ち手 8レーン64cm
巻きひも 2レーン2m70cm
5cm

[ジョイント] 1.5cm
ジョイント 8レーン7cm

②持ち手を作る
12cm
①縁どめ
③ジョイントでつなぐ

[縁どめ]
※表記してある寸法で切り実寸に合わせる
①縁どめ芯(外) 12レーン 51cm
②縁どめ芯(中) 3レーン 50cm
つき合わせ
③縁どめ芯(内) 12レーン 50cm

1 底組み

❶ タテ芯[A]を横に4本、[B]を斜めに7本ずつの六角の底を作ります。角と上になっているタテ芯をボンドでとめます。※P.110 ❶参照。

2 立ち上げ／側面編み

❶ 六角編みをします。タテ芯を立ち上げ、アミ芯を交互に通し、輪にしてボンドでとめます。
※P.81 ❷参照。

❷ 計4本のアミ芯を通し、高さ11cmにします。

3 縁どめ

❶ 縁どめ芯(外)を輪にし、高さ13.5cmでタテ芯を切ります。
※P.82 ❸参照。

❷ 縁どめ芯(外)を上3レーン分あけた位置にずらし、タテ芯をボンドでとめます。

❸ 縁どめ芯(中)を、縁どめ芯(外)の上端に合わせて1周貼り、つき合わせで余分を切ります。

❹ 縁どめ芯(内)を、上端に合わせて1周貼り、1cm重ねて余分を切ります。

4 持ち手

❶ 持ち手を全体が2重になるように両端を折り返し、ループ分5cmをあけてボンドで貼り合わせます。

❷ 巻きひもで巻きます。
※P.22 ❹ ⓭〜⓰参照。

❸ 正面の中心から6cmあけてジョイントを持ち手と縁どめに通し、輪にして1.5cm重ねてとめます。

❹ 同様に反対側もジョイントをつけ、できあがり。

巾着

巾着を作り、中に入れます。
※巾着の作り方はP.167。

リボンのカトラリーケース

小さなかご1つで食卓が明るくなります。
持っているカトラリーに合わせて作ることもできます。
リボンをつけて、ちょっと優しい感じに。
how to make ● a: P.90 b: P.93

OVAL BOTTOM

b

P.88 リボンのカトラリーケース(a)

材料
ハマナカエコクラフト
わさび(36)
[5m巻] 2巻

できあがり寸法
24cm / 6cm / 8cm / 22cm

用意する本数
底どめ芯(縦)	6レーン5cm：2本
底どめ芯(横)	10レーン19cm：3本
タテ芯(縦)	6レーン32cm：9本
タテ芯(横)	6レーン46cm：2本
タテ芯(増し芯)	6レーン14cm：4本
アミ芯(底)	2レーン2m20cm：2本
アミ芯(側面)	[A] 2レーン1m50cm：2本
	[B] 2レーン6m60cm：2本 ※つなぎながら編む
編みひも	1レーン2m30cm：5本
持ち手	(外)・(内) 8レーン32cm：各1本
	(中) 8レーン12cm：1本
巻きひも	2レーン2m60cm：1本
リボン	(上) 7レーン18cm・(下) 7レーン12cm・(中心) 7レーン4cm：各2本

作り方

1 底どめ をします

- 底どめ芯(縦) 6レーン5cm 2本
- 底どめ芯(横) 10レーン19cm 3本
- ①貼る
- ②角を切る
- 6レーン分あける

2 底組み をします
- ①底どめ芯(縦)の上に端のタテ芯(縦)を貼る
- ②置く
- ③通す
- タテ芯(縦) 6レーン32cm
- タテ芯(横) 6レーン46cm
- 9本 / 2本

3 底編み をします
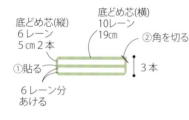
- ①アミ芯(底)を貼る 2レーン 2m20cm 2本
- ②縄編み 2周
- ③タテ芯(増し芯)を貼る 6レーン 14cm 4本
- ④縄編み 2周
- 22cm / 8cm

4 立ち上げ をします
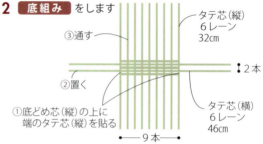
- ①この線で立ち上げる
- ②アミ芯(側面)[A]を貼る 2レーン 1m50cm 2本

5 側面編み 縁どめ をします
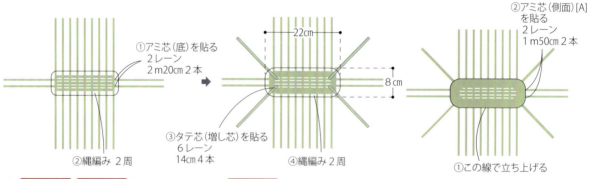
- ①縄編み2周
- ②追いかけ編み アミ芯[B] 2レーン 6m60cm 2本 ※つなぎながら編む
- ③編みひもを2つ折りしてかける 1レーン 2m30cm 5本
- ④縄編み1周
- ⑤中心のタテ芯を残して折り込みどめ
- 5.5cm

6 仕上げ をします
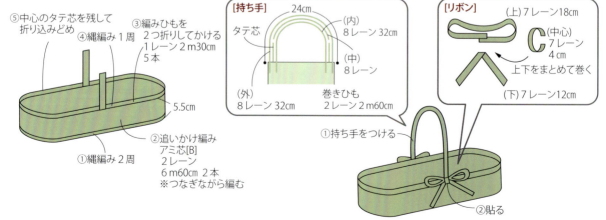

[持ち手]
- 24cm
- タテ芯
- (内) 8レーン 32cm
- (中) 8レーン
- (外) 8レーン 32cm
- 巻きひも 2レーン 2m60cm

[リボン]
- (上) 7レーン18cm
- (中心) 7レーン4cm
- (下) 7レーン12cm
- 上下をまとめて巻く

①持ち手をつける
②貼る

1 底どめ

❶ 底どめ芯（縦）2本に底どめ芯（横）3本を均等に貼り、角を切ります。
※P.61 **1** 参照。

2 底組み

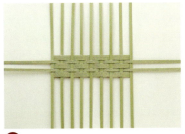

❶ 底どめ芯（横）をはさんでタテ芯（縦）2本を両端に貼り、タテ芯（横）2本、タテ芯（縦）7本を交互に通します。
※P.61 **2** 参照。

3 底編み

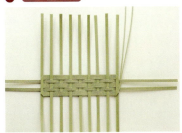

❶ 裏返し、アミ芯（底）2本を、写真のようにタテ芯に貼ります。

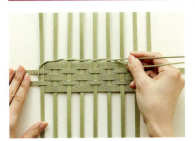

❷ 表に返し、縄編みをします。

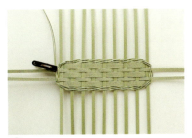

❸ 縄編みで2周します。

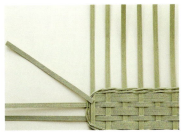

❹ 裏返し、増し芯1本を角に貼ります。

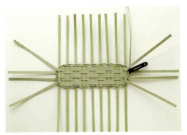

❺ 同様に、残りの角にも増し芯を貼ります。

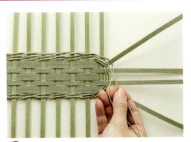

❻ 表に返し、続けて縄編みをします。

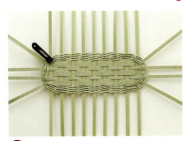

❼ 縄編みで2周し、余分を切って裏側にボンドでとめます。

4 立ち上げ 側面編み

❶ 底を裏返し、端に定規などをあて、タテ芯を立ち上げます。

❷ アミ芯（側面）[A] 2本を、タテ芯の内側に貼ります。

❸ 縄編みをします。

| 立ち上げ | 側面編み |

④ 縄編みで2周編み、余分を切って内側にボンドでとめます。

⑤ アミ芯(側面)[B] 2本を、タテ芯の内側に貼ります。

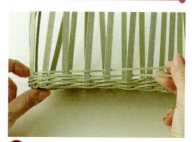

⑥ 追いかけ編みをします。

⑦ 追いかけ編みで高さ5.5cmまで編み、余分を切って内側にとめます。

⑧ 編みひも5本を半分に折り、タテ芯にかけます。

⑨ 縄編みをします。

⑩ 1周し、内側で余分を切ります。

⑪ 内側にボンドでとめます。

5 縁どめ

❶ 折り込みどめをします。上端でタテ芯を折り、内側のアミ芯に通します。中心のタテ芯2本は残しておきます。

❷ 余分なタテ芯を切ります。

6 仕上げ

❶ 持ち手(外)を残したタテ芯の外側に差し込みます。

❷ 24cmのアーチにし、反対側にも差し込みます。

❸ タテ芯と持ち手(外)をボンドで貼り合わせます。

❹ 持ち手(中)を、タテ芯とつき合わせて貼り、余分を切ります。

❺ タテ芯の内側に、持ち手(内)を貼ります。

❻ 巻きひもで巻きます。
※P.22 ❹ ⓭〜⓰参照。

❼ リボン(上)を輪にしてとめます。

❽ 中心をつぶしてとめます。

❾ リボン(下)を折り、❽の裏側に貼ります。

❿ リボン(中心)を巻いてとめます。2個作ります。

⓫ 持ち手の根元にリボンをボンドで貼り、できあがり。

P.89 リボンのカトラリーケース(b)

材料
ハマナカエコクラフト
パステルピンク(16)
[5m巻]2巻

できあがり寸法
24cm / 22cm / 8cm / 6cm
※作り方はP.90と共通

用意する本数

底どめ芯(縦)	6レーン5cm：2本
底どめ芯(横)	10レーン19cm：3本
タテ芯(縦)	6レーン32cm：9本
タテ芯(横)	6レーン46cm：2本
タテ芯(増し芯)	6レーン14cm：4本
アミ芯(底)	2レーン2m20cm：2本
アミ芯(側面)	[A] 2レーン1m50cm：2本 [B] 2レーン6m60cm：2本 ※つなぎながら編む
編みひも	1レーン2m30cm：5本
持ち手	(外)・(内) 8レーン32cm：各1本 (中) 8レーン12cm：1本
巻きひも	2レーン2m60cm：1本
リボン	(上) 7レーン18cm・(下) 7レーン12cm・(中心) 7レーン4cm：各2本

93

ROUND BOTTOM

丸底

丸底の作りも2タイプ。

中心を十字に組んで、放射状に広げて丸にするものと
六角形に組んで丸にするもの。

高さや底の大きさでずいぶん印象が変わります。

LINE UP ROUND BOTTOM

P.96

P.97

P.102

P.103

P.108

P.108

P.114

P.115

P.122

基本の丸底
ROUND BOTTOM

水玉模様のダストボックス

編み方を工夫することで、
水玉のような模様が作れます。
底を大きくしたり、高さを出したり、
好きなサイズで作っても。
how to make ● a:P.98 b:P.101

a

ROUND BOTTOM

b

97

P.96 水玉模様のダストボックス(a)

材料
ハマナカエコクラフト
サンド(13)[5m巻] 2巻
グリーン(33)[5m巻] 3巻

できあがり寸法
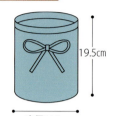
19.5cm
直径16.5cm

用意する本数
タテ芯	サンド12レーン64cm：8本
アミ芯(底)	グリーン2レーン8m50cm：1本 ※つなぎながら編む
アミ芯(側面)	グリーン6レーン14m：1本 ※つなぎながら編む
縁どめ芯	(外) グリーン12レーン55cm：1本
	(中) グリーン3レーン54cm：1本
	(内) グリーン12レーン53cm：1本
リボン	(上) グリーン6レーン28cm：1本
	(下) グリーン6レーン19cm：1本
	(中心) グリーン6レーン4cm：1本

作り方

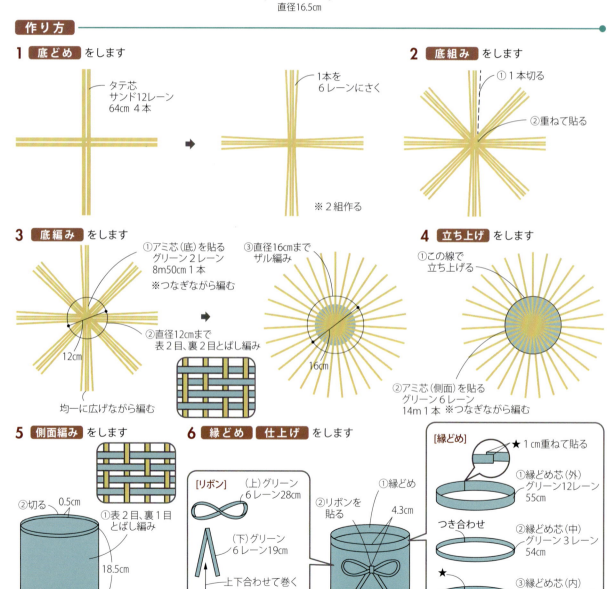

1. **底どめ**をします
2. **底組み**をします
3. **底編み**をします
4. **立ち上げ**をします
5. **側面編み**をします
6. **縁どめ・仕上げ**をします

1 底どめ

❶ タテ芯4本を井桁に組み、中心をボンドでとめます。

❷ タテ芯をそれぞれ半分（6レーン）にさきます。2組作ります。

❸ 右上のタテ芯1本を切ります。（切るのは1組のみです）

2 底組み

❶ 井桁2組を交差して重ね、ボンドでとめます。

3 底編み

❶ タテ芯1本の裏側に、アミ芯（底）を貼ります。

❷ とばし編み（表2目裏2目）をします。タテ芯に表、表、裏、裏と交互に通します。

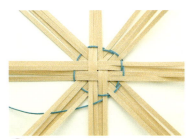

❸ 1周し、続けてタテ芯を徐々に均一に広げながら交互に編みます。

❹ アミ芯が足りなくなったら、ボンドで貼り合わせてつなぎます。

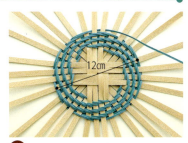

❺ 直径12cmまでとばし編みをします。

❻ ザル編み（タテ芯の上、下と交互に通す）します。

❼ 直径16cmまでザル編みします。

❽ 余分なアミ芯を切り、裏側にボンドでとめます。

4 立ち上げ／側面編み

1 端に定規などをあて、タテ芯を立ち上げます。

2 立ち上げたところです。

3 とばし編み（表2目裏1目）をします。アミ芯（側面）をタテ芯の内側に貼り、タテ芯の表、表、裏と交互に通します。

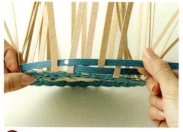

4 続けて表、表、裏と交互に通します。
※1周した長さを計り、その長さでアミ芯に印（○）をつけます。

5 印がまっすぐ並ぶように編むと、まっすぐきれいに編めます。

6 アミ芯が足りなくなったら、ボンドで貼り合わせてつなぎます。

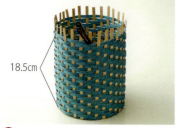

7 高さ18.5cmまで編みます。

8 タテ芯を数か所、アミ芯にボンドでとめます。

5 縁どめ

1 上端からの高さ0.5cmでタテ芯を切ります。

2 縁どめ芯（外）を本体に合わせ、1cmののり代を残して余分を切り、輪にしてとめます。

3 縁どめ芯（外）を上3レーン分あけた位置に仮どめします。

4 タテ芯を縁どめ芯（外）の内側にとめます。

⑤ 縁どめ芯(中)を、縁どめ芯(外)の上端に合わせてボンドで貼ります。

⑥ 1周し、つき合わせで余分を切ります。

⑦ 縁どめ芯(内)を、上端に合わせてボンドで貼ります。

6 仕上げ

⑧ 1周し、1cm重ねて余分を切ります。

① リボン(上)をねじってとめます。

② リボン(下)を折ります。

③ リボン(上)の裏に(下)を貼り、(中心)を巻いてとめます。

④ リボンをボンドで貼って、できあがり。

P.97 水玉模様のダストボックス(b)

材料
ハマナカエコクラフト
サンド(13)[5m巻] 2巻
コスモス(34)[5m巻] 3巻

できあがり寸法

21.5cm
直径18.5cm

用意する本数
タテ芯	サンド12レーン70cm：8本
アミ芯(底)	コスモス2レーン12m：1本 ※つなぎながら編む
アミ芯(側面)	コスモス6レーン18m：1本 ※つなぎながら編む
縁どめ芯	(外) コスモス12レーン64cm：1本
	(中) コスモス3レーン63cm：1本
	(内) コスモス12レーン62cm：1本
リボン	(上) コスモス6レーン31cm：1本
	(下) コスモス6レーン20cm：1本
	(中心) コスモス6レーン4cm：1本

作り方
※作り方はP.98と共通

(底) 表2目裏2目とばし編み / ザル編み / 18cm / 13.5cm

(側面) 5cm / 20.5cm / 表2目裏1目とばし編み

丸底の持ち手かご

お菓子を入れたり、使いかけの毛糸を入れたり、
丸底浅めのカゴは便利！
細いアミ芯で編んでいるので、
ていねいな雰囲気に仕上がっています。

how to make ● a: P.104 b: P.107

a

ROUND ● BOTTOM

b

P.102 丸底の持ち手かご(a)

材料
ハマナカエコクラフト
パステルピンク(16) [5m巻] 2巻
さくら(27) [5m巻] 2巻

できあがり寸法
37cm / 7.5cm / 直径21cm

用意する本数
- タテ芯 パステルピンク6レーン48cm：4本
- タテ芯(増し芯)
  - [A] パステルピンク6レーン22cm：8本
  - [B] パステルピンク6レーン19cm：16本
- アミ芯(底) パステルピンク2レーン7m：2本
  ※つなぎながら編む
- アミ芯(側面)
  - [A] さくら3レーン3m60cm：2本
  - [B] パステルピンク4レーン5m：2本
  - [C] さくら3レーン4m10cm：2本
- 持ち手
  - (外) さくら8レーン82cm：1本
  - (内) さくら8レーン80cm：1本

作り方

1 底組みをします

タテ芯 パステルピンク6レーン 48cm 4本

2 底編みをします

①アミ芯(底)を貼る パステルピンク2レーン 7m 2本
②6cmまで追いかけ編み
6cm

③タテ芯(増し芯)[A]を貼る パステルピンク6レーン 22cm 8本
④縄編み2周
⑤直径12cmまで追いかけ編み
12cm

⑥タテ芯(増し芯)[B]を貼る パステルピンク6レーン 19cm 16本
⑦縄編み2周
⑧直径18.5cmまで追いかけ編み
⑨縄編み1周
19cm

3 立ち上げをします

①この線で立ち上げる
②アミ芯(側面)[A]を貼る さくら3レーン 3m60cm 2本

4 側面編み 縁どめをします

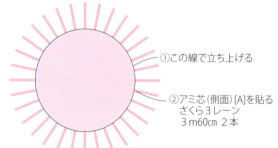

③側面を広げながら追いかけ編み
④アミ芯(側面)[C]を貼る さくら3レーン 4m10cm 2本
⑤縄編み3段
⑥折り込みどめ
21cm / 1.5cm / 4.5cm / 1.5cm
②アミ芯(側面)[B]を貼る パステルピンク4レーン 5m 2本
①縄編み3段

5 持ち手をつけます

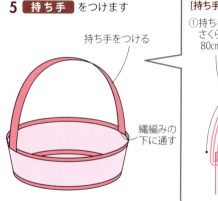

持ち手をつける
縄編みの下に通す

[持ち手]

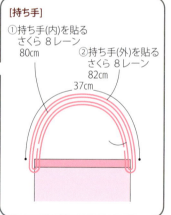

①持ち手(内)を貼る さくら8レーン 80cm
②持ち手(外)を貼る さくら8レーン 82cm
37cm

1 底組み

❶ タテ芯2本を十字に重ねて中心をボンドでとめます。2組作ります。

❷ ❶を交差して重ね、ボンドでとめます。

2 底編み

❶ アミ芯(底)2本をタテ芯に貼ります。

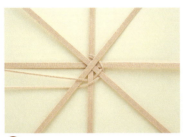

❷ 追いかけ編み(アミ芯2本を交互に上、下と通す)します。

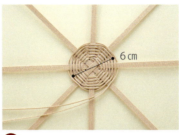

❸ 直径6cmまで追いかけ編みをします。

❹ 増し芯[A]をタテ芯とタテ芯の間に貼ります。

❺ 同様に、計8本の増し芯[A]を貼ります。

❻ 続けて縄編み(タテ芯の間で1回ねじりながら進む)します。

❼ 縄編みで2周します。

❽ 続けて追いかけ編みをします。

❾ 直径12cmまで追いかけ編みをします。

❿ 増し芯[B]をタテ芯とタテ芯の間に貼ります。

> 底編み

⓫ 同様に、計16本の増し芯[B]を貼ります。

⓬ 縄編みをします。

⓭ 縄編みで2周し、続けて追いかけ編みをします。

⓮ 直径18.5cmまで追いかけ編みをし、続けて縄編みをします。

⓯ 縄編みで1周し、アミ芯を切ってボンドでとめます。

3 立ち上げ 側面編み

❶ 端に定規などをあて、タテ芯を立ち上げます。

❷ アミ芯(側面)[A]2本を、タテ芯の内側に貼ります。

❸ 縄編みをします。

❹ 縄編みで3段編み、余分を切って内側にボンドでとめます。

❺ アミ芯(側面)[B]2本を、タテ芯の内側に貼ります。

❻ 追いかけ編みをします。

❼ タテ芯を広げながら追いかけ編みで高さ6cmまで編み、余分を切って内側にとめます。

⑧ アミ芯(側面)[C] 2本を、タテ芯の内側に貼ります。

⑨ 縄編みをします。

⑩ 縄編みで3段編み、余分を切って内側にボンドでとめます。

4 縁どめ

❶ 折り込みどめをします。上端でタテ芯を折り、内側のアミ芯に通します。

❷ 余分なタテ芯を切ります。

5 持ち手

❶ 持ち手(内)を上端から3段目の下に差し込みます。

❷ 反対側にも差し込み、折り返します。

❸ ❷の端がつき合わせになるように貼り、上から持ち手(外)を貼ります。

❹ ❸の余分を切って、できあがり。

P.103 丸底の持ち手かご(b)

材料

ハマナカエコクラフト
クリーム(10)[5m巻] 2巻
ベージュ(1)[5m巻] 2巻

37cm / 7.5cm / 直径21cm

※作り方はP.104と共通

用意する本数

タテ芯	クリーム6レーン48cm：4本
タテ芯(増し芯)	クリーム6レーン [A]22cm：8本、[B]19cm：16本
アミ芯(底)	クリーム2レーン7m：2本 ※つなぎながら編む
アミ芯(側面)	[A]ベージュ3レーン3m60cm：2本 [B]クリーム4レーン5m：2本 [C]ベージュ3レーン4m10cm：2本
持ち手	(外)ベージュ8レーン82cm：1本 (内)ベージュ8レーン80cm：1本

ROUND BOTTOM

六角編みのフルーツかご

赤がかわいいミニサイズのかごです。
立ち上げた持ち手がアクセント。
フルーツを入れて、食卓に。
how to make ● a: P.109 b: P.113

P.108 六角編みのフルーツかご（a）

材料
ハマナカエコクラフト
赤（31）[5m巻] 2巻
サンド（13）[5m巻] 1巻

できあがり寸法

用意する本数

タテ芯	[A] 赤6レーン37cm：6本
	[B] 赤6レーン34cm：6本
	[C] 赤6レーン31cm：6本
アミ芯	赤6レーン53cm：1本
飾りひも	[A] サンド4レーン37cm：3本
	[B] サンド2レーン34cm：6本
	[C] サンド2レーン31cm：6本
	[D] サンド2レーン53cm：2本
縁どめ芯	（外）赤12レーン54cm：1本
	（内）赤12レーン52cm：1本
	（中）赤3レーン1m4cm：1本
持ち手	赤6レーン30cm：2本
巻きひも	赤2レーン95cm：2本

作り方

1 底組みをします

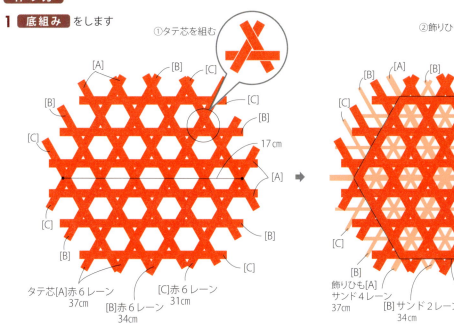

2 立ち上げ 側面編みをします

3 縁どめ 持ち手をつけます

1 底組み

❶ タテ芯[A]を型紙に合わせて横に2本並べます。
※型紙はP.84と共通。

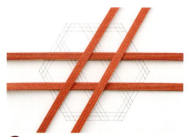

❷ タテ芯[A] 2本を斜めに重ねます。

❸ タテ芯[A] 2本を、❶の下、❷の上になるように通します。

❹ タテ芯[B] 2本を、❸の上下関係と同じになるように、上と下に通します。

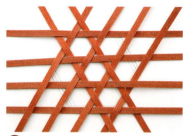

❺ タテ芯[B] 2本を❷の両側に、通します。

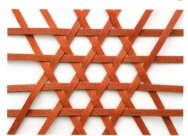

❻ タテ芯[B] 2本を❸の両側に、通します。

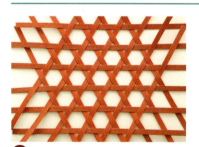

❼ タテ芯[C] 6本を、❹～❻と同様に通します。

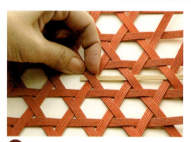

❽ 飾りひも[A]を、真ん中のタテ芯の間に通します。

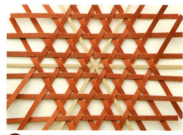

❾ 同様に、計3本の飾りひも[A]を通します。

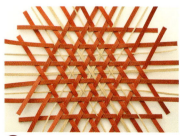

❿ 飾りひも[A]の両側に、[A]の上下の重なりと同じになるように、計6本の飾りひも[B]を通します。

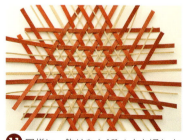

⓫ 同様に、飾りひも[C] 6本を通します。

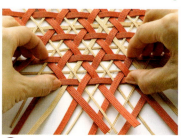

⓬ 霧吹きをし、型紙に合わせて間をつめ、形を整えます。

2 立ち上げ 側面編み

❶ 底の端に定規などをあて、タテ芯を立ち上げます。

❷ 全てのタテ芯を立ち上げます。

❸ タテ芯を同じ向きにクロスさせ、タテ芯にアミ芯をとめ、写真のように交互に通します。

❹ 1周し、1cmののり代を残して余分を切り、輪にしてボンドでとめます。

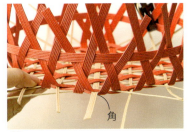
❺ 角の隙間は五角形になります。

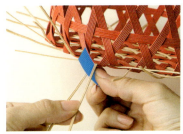
❻ 飾りひも[A]を半分にさきます。

❼ 右向きの飾りひもを、タテ芯のクロスの間に右上方向に通します。

❽ 同様に、左向きの飾りひもを、重なりを揃えながら左上方向に通します。

❾ 飾りひも[D]を、重なりを揃えながら横に通します。

❿ 1周し、1cmののり代を残して余分を切り、輪にしてとめます。

⓫ 角はこうなります。

⓬ 側面に霧吹きをし、型紙に合わせて高さ3cmに間をつめ、形を整えます。

3 縁どめ

❶ アミ芯の上端から2.7cmの位置で切ります。

❷ 縁どめ芯(外)を本体に合わせ、1cmののり代を残して余分を切り、輪にしてとめます。

❸ 縁どめ芯(外)を上3レーン分あけた位置に仮どめします。

❹ タテ芯を縁どめ芯(外)の内側にとめます。

❺ 飾りひもも同様にとめます。

❻ 縁どめ芯(中)を、縁どめ芯(外)の上端に合わせてボンドで貼ります。

❼ 2周し、つき合わせで余分を切ります。

❽ 縁どめ芯(内)を、上端に合わせてボンドで貼ります。

❾ 1周し、1cm重ねて余分を切ります。

4 持ち手

❶ 持ち手を、底の角と角の間の位置に差し込みます。

❷ ❶の端がつき合わせになるように貼ります。

❸ 巻きひもで巻き、反対側も同様に持ち手をつけて、できあがり。
※P.22 4 ⓭〜⓰参照。

P.108 六角編みのフルーツかご(b)

材料
ハマナカエコクラフト
サンド(13)[5m巻]2巻
赤(31)[5m巻]1巻

できあがり寸法
15.5cm / 9cm / 23cm
※作り方はP.109と共通

用意する本数
タテ芯	サンド6レーン
	[A] 48cm・[B] 46cm・[C] 43cm・[D] 39cm：各6本
アミ芯	サンド6レーン73cm：2本
飾りひも	[A] 赤4レーン49cm：3本
	[B] 赤2レーン47cm：6本
	[C] 赤2レーン44cm：6本
	[D] 赤2レーン40cm：6本
	[E] 赤2レーン73cm：2本
縁どめ芯	(外) サンド12レーン74cm：1本
	(内) サンド12レーン72cm：1本
	(中) サンド3レーン1m46cm：1本
持ち手	サンド6レーン38cm：2本
巻きひも	サンド2レーン1m50cm：2本

作り方

1 底組み をします

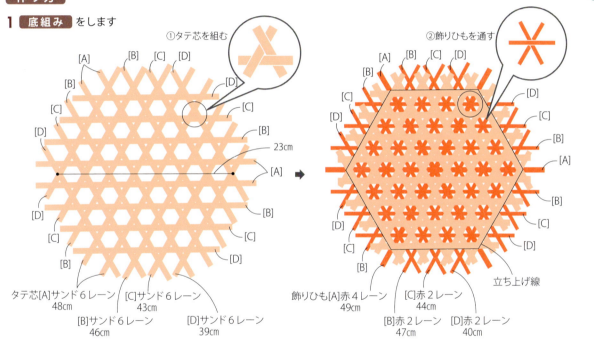

① タテ芯を組む
② 飾りひもを通す

タテ芯[A]サンド6レーン 48cm
[B]サンド6レーン 46cm
[C]サンド6レーン 43cm
[D]サンド6レーン 39cm

飾りひも[A]赤4レーン 49cm
[B]赤2レーン 47cm
[C]赤2レーン 44cm
[D]赤2レーン 40cm

立ち上げ線

2 立ち上げ 側面編み をします
3 縁どめ 持ち手 をつけます

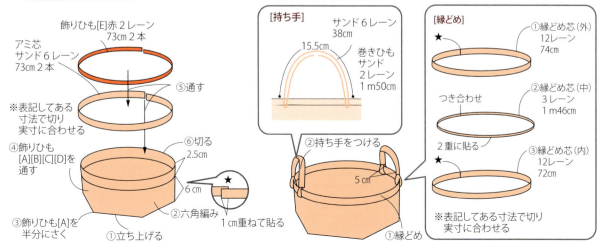

飾りひも[E]赤2レーン 73cm 2本
アミ芯 サンド6レーン 73cm 2本
⑤通す
※表記してある寸法で切り実寸に合わせる
④飾りひも[A][B][C][D]を通す
⑥切る 2.5cm
6cm
③飾りひも[A]を半分にさく
①立ち上げる
②六角編み
1cm重ねて貼る

[持ち手] サンド6レーン 38cm
15.5cm
巻きひも サンド2レーン 1m50cm
②持ち手をつける
5cm
①縁どめ

[縁どめ]
①縁どめ芯(外) 12レーン 74cm
②縁どめ芯(中) 3レーン 1m46cm
つき合わせ
2重に貼る
③縁どめ芯(内) 12レーン 72cm
※表記してある寸法で切り実寸に合わせる

タッセルつきかごバッグ

丸底で、広がった形がかわいいバッグです。
丸く編んで、幅をつぶして形作ります。
タッセルもエコクラフトで。
how to make ● a: P.116 b: P.121

a

ROUND BOTTOM

b

P.114 タッセルつきかごバッグ(a)

材料
ハマナカエコクラフト
マロン(114)[30m巻]1巻
チョコレート(15)[5m巻]1巻

用意する本数
タテ芯	マロン6レーン70cm：4本
タテ芯(増し芯)	[A] マロン6レーン33cm：8本
	[B] マロン6レーン28cm：16本
アミ芯(底)	マロン2レーン4m70cm：2本
アミ芯(側面)	[A] マロン3レーン1m10cm：3本
	[B] マロン3レーン12m：2本
	※つなぎながら編む
	[C] マロン3レーン2m：3本
持ち手	マロン14レーン ※12レーン+2レーン
	(外)・(内)44cm・(中)23cm：各1本
巻きひも	マロン2レーン5m40cm：1本
タッセル	チョコレート3レーン40cm：20本
結びひも	チョコレート1レーン25cm：2本

できあがり寸法
36cm / 15cm / 33cm / 19cm

作り方

1 底組み をします
タテ芯 6レーン 70cm 4本

2 底編み をします
① アミ芯(底)を貼る 2レーン 4m70cm 2本
② 6cmまで追いかけ編み
③ タテ芯(増し芯)[A]を貼る 6レーン 33cm 8本
④ 縄編み2周
⑤ 直径12cmまで追いかけ編み
⑥ タテ芯(増し芯)[B]を貼る 6レーン 28cm16本
⑦ 直径15cmまで縄編み

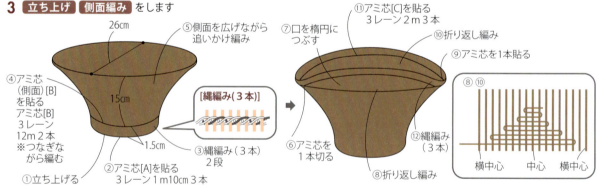

3 立ち上げ 側面編み をします
① 立ち上げる
② アミ芯[A]を貼る 3レーン 1m10cm 3本
③ 縄編み(3本) 2段
④ アミ芯(側面)[B]を貼る アミ芯[B] 3レーン 12m 2本 ※つなぎながら編む
⑤ 側面を広げながら追いかけ編み
⑥ アミ芯を1本切る
⑦ 口を楕円につぶす
⑧ 折り返し編み
⑨ アミ芯を1本貼る
⑩ 折り返し編み
⑪ アミ芯[C]を貼る 3レーン 2m 3本
⑫ 縄編み(3本)

[縄編み(3本)]
横中心 / 中心 / 横中心

4 縁どめ 持ち手 をつけます
① 中心のタテ芯を残して折り込みどめ
② 持ち手をつける

[持ち手]
2レーン / 12レーン / 14レーン
ボンドで貼る
持ち手(外) 14レーン 44cm
持ち手(中) 14レーン
持ち手(内) 14レーン 44cm
巻きひも 2レーン 5m40cm
36cm / タテ芯

5 タッセル をつけます

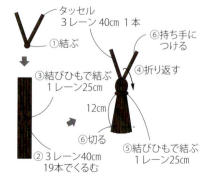

タッセル 3レーン 40cm 1本
① 結ぶ
② 3レーン40cm 19本でくるむ
③ 結びひもで結ぶ 1レーン25cm
④ 折り返す
⑤ 結びひもで結ぶ 1レーン25cm
⑥ 持ち手につける
⑥ 切る
12cm

1 底組み　底編み

1 作り方図の通りに底組みをし、増し芯をしながら底編みをします。
※P.105 **1、2** 参照。

2 立ち上げ　側面編み

1 端に定規などをあててタテ芯を立ち上げ、アミ芯（側面）[A] 3本をタテ芯の内側に貼ります。

2 1本を隣のタテ芯の間、もう1本をさらに隣のタテ芯の間から出します。

3 縄編み（3本）をします。一番左のアミ芯を、隣のタテ芯の前、前、後ろを通して前に出します。

4 同様に、次のアミ芯も隣のタテ芯の前、前、後ろを通して前に出します。

5 **4**をくり返し、2段編みます。

6 一番左のアミ芯を、隣のタテ芯の前、前、後ろに通して余分を切り、内側にボンドでとめます。

7 残りのアミ芯も同様にとめます。

8 アミ芯（側面）[B] 2本を、タテ芯の内側に貼ります。

9 追いかけ編みをします。

10 高さ16.5cm直径26cmまで徐々に広げながら追いかけ編みをします。

11 アミ芯を1本切ります。

117

側面編み

⑫ ⑪を内側にボンドでとめます。

⑬ 手でつぶし、口を楕円にします。
※横の中心にわかりやすいようにシール(●)を貼っています。

⑭ 折り返し編みをします。⑪で残したアミ芯でザル編みします。

⑮ 右横の中心の2本手前で折り返します。

⑯ 左向きにザル編みし、左横の中心の2本手前で折り返します。

⑰ 右向きにザル編みし、⑮の2本手前で折り返します。

⑱ 左向きにザル編みし、⑯の2本手前で折り返します。

⑲ 同様に、続けて1往復します。

⑳ 右向きにザル編みし、⑲の1本手前で折り返します。

㉑ 左向きにザル編みし、⑲の1本手前で折り返します。

㉒ 余分なアミ芯を切り、内側にボンドでとめます。

㉓ P.117⑪で切って残ったアミ芯[B]を反対側の端につけます。

㉔ ⑭〜㉒と同様に編みます。

㉕ アミ芯[C] 3本を、タテ芯の内側につけます。

㉖ 1本を隣のタテ芯の間、もう1本をさらに隣のタテ芯の間から出します。

㉗ 縄編み(3本)をします。一番左のアミ芯を、隣のタテ芯の前、前、後ろを通して前に出します。

㉘ 同様に、次のアミ芯も隣のタテ芯の前、前、後ろを通して前に出します。

㉙ ㉘をくり返し、2段編みます。

㉚ 一番左のアミ芯を、隣のタテ芯の前、前、後ろに通して余分を切り、内側にボンドでとめます。

㉛ 残りのアミ芯も同様にとめます。

3 縁どめ

❶ 折り込みどめをします。タテ芯を折り返し、内側のアミ芯に通します。

❷ 余分を切ります。

❸ 中心のタテ芯2本は残します。

4 持ち手

❶ 12レーンと2レーンをボンドで貼り合わせ、14レーンを作ります。持ち手のサイズに切ります。

持ち手

❷ 持ち手(外)の両端4cmをタテ芯の外側に差し込みます。

❸ タテ芯を持ち手(外)の内側に貼ります。

❹ 本体のタテ芯の端から、持ち手(中)を貼ります。反対側のタテ芯の端まで貼り、余分は切ります。

❺ 持ち手(内)を内側に差し込みます。

❻ ❹をはさんで貼ります。

❼ 端は内側に差し込みます。

❽ 持ち手を巻きひもで巻きます。
※巻き方はP.22 ❹ ⓭〜⓰参照。

5 タッセル

❶ タッセルを作ります。1本を中心で結びます。

❷ ❶を半分に折り、残り19本の中心に合わせて置きます。

❸ ❶をくるむように、筒にします。

❹ 結び目の上の位置で、結びひもで結びます。

❺ しっかり結び、結び目にボンドをつけて余分を切ります。

❻ 結びひもの上のひもを折り返します。

❼ ❶の2本は残します。

❽ 結びひもで結びます。

❾ 結び目にボンドをつけ、余分を切ります。

❿ 下を揃えて切ります。

⓫ タッセルを持ち手にかけます。

⓬ 1本を持ち手に1周巻きます。

⓭ 余分を切り、内側で端を貼り合わせます。

⓮ できあがり。

P.115 タッセルつきかごバッグ(b)

材料

ハマナカエコクラフト
黒(106) [30m巻] 1巻
グレー(20) [5m巻] 1巻

できあがり寸法

※作り方はP.116と共通

用意する本数

タテ芯	黒6レーン70cm：4本
タテ芯(増し芯)	[A] 黒6レーン33cm：8本
	[B] 黒6レーン28cm：16本
アミ芯(底)	黒2レーン4m70cm：2本
アミ芯(側面)	[A] 黒3レーン1m10cm：3本
	[B] 黒3レーン12m：2本
	※つなぎながら編む
	[C] 黒3レーン2m：3本
持ち手	黒14レーン ※12レーン+2レーン
	(外)・(内)44cm：各1本
	(中)23cm：1本
巻きひも	黒2レーン5m40cm：1本
タッセル	グレー3レーン40cm：20本
結びひも	グレー1レーン25cm：2本

ふたつきの丸底バッグ

底をもう1つ編んで、ふたにします。
側面は斜めに広げただけのシンプルな作り。
ふたは革ひもでとめて…
how to make ● P.123

● ROUND BOTTOM

P.122 ふたつきの丸底バッグ

材料
ハマナカエコクラフト
ベージュ(101)[30m巻] 1巻
革ひも 1m20cm

用意する本数
[本体] タテ芯　　　　6レーン71cm：4本
　　　タテ芯(増し芯)　6レーン32cm：16本
　　　アミ芯(底)　　　2レーン4m50cm：2本
　　　アミ芯(側面)　　3レーン17m60cm：3本
　　　　　　　　　　　※つなぎながら編む
　　　持ち手　　　　　(外)・(内) 6レーン54cm：各1本
　　　　　　　　　　　(中) 6レーン33cm：1本
　　　巻きひも　　　　2レーン4m40cm：1本
[ふた] タテ芯　　　　6レーン32cm：4本
　　　タテ芯(増し芯)　6レーン15cm：16本
　　　アミ芯　　　　　[A] 2レーン6m20cm：2本
　　　　　　　　　　　※つなぎながら編む
　　　　　　　　　　　[B] 3レーン2m20cm：3本

できあがり寸法
46cm / 20cm / 直径20cm

作り方

1 底組み をします
タテ芯 6レーン71cm 4本

2 底編み 立ち上げ をします
① アミ芯(底)を貼る 2レーン4m50cm 2本
② 7cmまで追いかけ編み
③ タテ芯(増し芯)を貼る 6レーン32cm 16本
④ 14.5cmまで追いかけ編み
⑤ 縄編み1周
⑥ この線で立ち上げる
⑦ アミ芯を貼る 3レーン17m60cm 3本
※アミ芯はつなぎながら編む

3 側面編み 縁どめ をします
① 側面を広げながら縄編み(3本)
② 中心のタテ芯を残して折り込みどめ
[縄編み(3本)]
20cm / 20cm

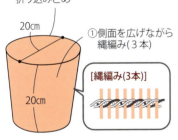

4 ふた を作ります
タテ芯 6レーン32cm 4本
① アミ芯[A]を貼る 2レーン 6m20cm 2本
② 7cmまで追いかけ編み
③ タテ芯(増し芯)を貼る 6レーン15cm 16本
④ 17cmまで追いかけ編み
⑤ 縄編み(3本) 3周 アミ芯 3レーン 2m20cm 3本
⑥ この線で折り込みどめ

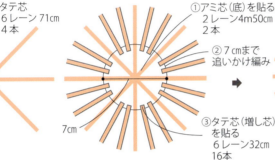

5 持ち手 をつけます
[持ち手]
(外) 6レーン54cm
(中) 6レーン 46cm
(内) 6レーン54cm
タテ芯
巻きひも 2レーン 4m40cm

6 仕上げ をします
[ふた]
タテ芯1本をはさんで通す
ふた
革ひも 60cm
ふたをつける
結ぶ

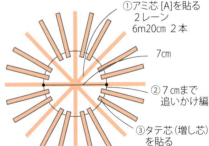

NORTH EUROPEAN

北 欧 風

ざっくり組んだ作りが
暖かい感じのする北欧風。

斜めに組み上げるかごは一番簡単！
ここから作ってもいいですね。

LINE UP NORTH EUROPEAN

P.126

P.127

P.131

P.131

P.134

P.135

P.140

基本の北欧風
NORTH EUROPEAN

北欧風の持ち手かご
幅広のエコクラフトを使えば
素朴な北欧かごが簡単に作れます。
how to make ■ a: P.128 b: P.186

NORTH EUROPEAN

b

P.126 北欧風の持ち手かご(a)

材料
ハマナカエコクラフトワイド
ベージュ(401)[10m巻] 2巻

できあがり寸法

用意する本数

タテ芯	[A] 24レーン 68cm：6本
	[B] 24レーン 65cm：4本
	[C] 24レーン 59cm：4本
	[D] 24レーン 53cm：4本
縁どめ芯(内)	24レーン 80cm：1本
持ち手	24レーン 43cm：2本

作り方

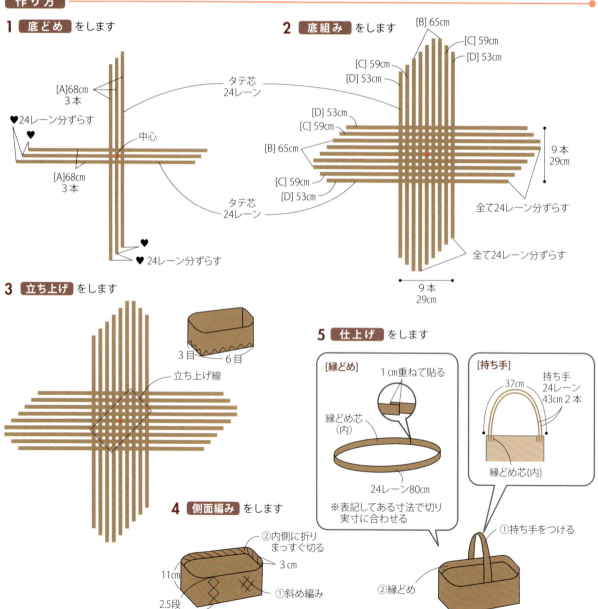

1 底どめ

❶ タテ芯[A]を十字に重ねてボンドでとめ、横に2レーンのガイド（材料外）を置き、ガイド分のすきまをあけてタテ芯[A]を下に入れてとめます。

❷ 同様に、上、右、下にもタテ芯[A]を24レーン分ずらして入れ、とめます。

2 底組み

❶ 1の上下と左右にタテ芯[B]を作り方図のように交互に入れます。

❷ 同様に、タテ芯[C]、[D]を作り方図のように入れ、霧吹きをして縦横各29cm幅につめます。

❸ 上に出ているタテ芯を、下のタテ芯にボンドでとめます。
※立ち上げの位置に、わかりやすいようにシール（●）を貼っています。

3 立ち上げ / 側面編み

❶ 角から3本めと4本めの間（シールの位置）に定規などをあてます。

❷ 角を立ち上げます。

❸ 反対側の角も立ち上げ、残りは角と角を結んだ線で立ち上げます。折り目の位置に霧吹きをし、しっかり折ります。

❹ 斜め編みをします。角のタテ芯2本を持ち、右のタテ芯を左のタテ芯の下に通します。

❺ 引き締めます。

❻ 続けて隣のタテ芯の上、下と通します。

❼ さらに続けて隣のタテ芯の上、下と通します。

| 立ち上げ | 側面編み |

❽ 同様に、右側のタテ芯を下、上、下、上、下と通します。

❾ 同様に繰り返して1周します。

❿ 霧吹きをして間をつめます。

⓫ 最後の段のタテ芯をボンドで貼り合わせます。

4 仕上げ

❶ 最後の段の真ん中に定規などをあて、内側に折ります。

❷ 1周折ります。

❸ 折った線に24レーンのガイド(材料外)をあて、タテ芯を切ります。

❹ 1周切り、タテ芯を内側にボンドでとめます。

❺ 持ち手2本をカーブさせ、ボンドで貼り合わせます。

❻ 折り込んだ位置に合わせて、持ち手を内側に貼ります。

❼ 縁どめ芯を上端に合わせて貼ります。

❽ 1周し、1cm重ねて余分を切って、できあがり。

NORTH EUROPEAN

小さい北欧風かご
縁をつけないのでさらに簡単。
北欧カラーで作りましょう！
how to make ■ a: P.132 b: P.133

P.131 小さい北欧風かご(a)

材料
ハマナカエコクラフト
茜(26)[5m巻]3巻

用意する本数
タテ芯(縦) 12レーン48cm：12本
タテ芯(横) 12レーン48cm：12本

できあがり寸法

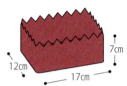

作り方

1 底どめ をします

2 底組み をします

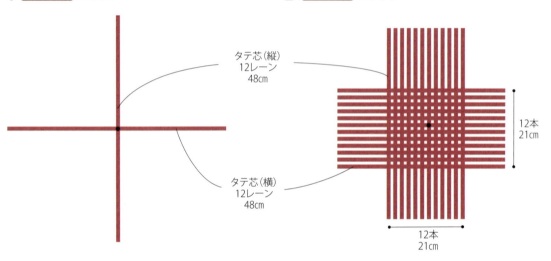

3 立ち上げ をします

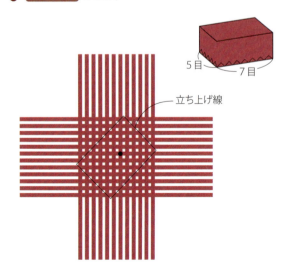

4 側面編み 縁どめ をします

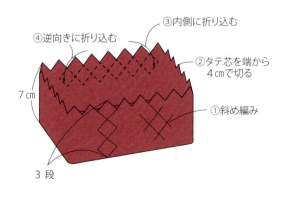

①斜め編み
②タテ芯を端から4cmで切る
③内側に折り込む
④逆向きに折り込む
3段
7cm

1 底どめ　底組み

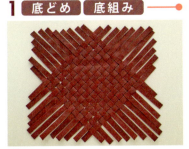

❶ 作り方図の通りに底どめ・底組みをし、縦横各12本20cm幅の底を作ります。※P27参照

2 立ち上げ　側面編み

❶ 側面を印の位置で立ち上げ、側面を斜め編みし、端から4cmでタテ芯を切ります。※P27参照

3 縁どめ

❶ 右向きに出ているタテ芯を、根元で内側に折り込みます。

❷ ❶を内側のタテ芯に通します。

❸ 左向きに出ているタテ芯を、根元で内側に折り込みます。

❹ ❸を内側のタテ芯に通します。

❺ できあがり。

P.131
小さい北欧風かご（b）

材料
ハマナカエコクラフト
紺(3)［5m巻］3巻

用意する本数
タテ芯(縦)　12レーン49cm：14本
タテ芯(横)　12レーン49cm：14本

できあがり寸法

※詳しい作り方はP.132と共通

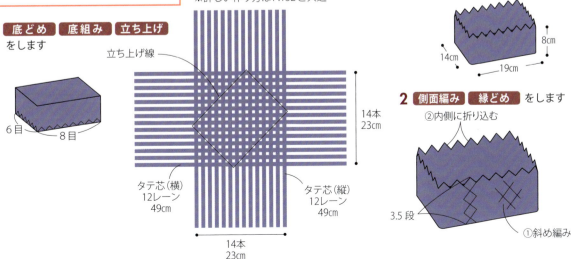

133

北欧テイストのプランターカバー

丸底で側面は斜めに立ち上げます。
縁編みをすれば、プランターカバーに。
お部屋に手作り&グリーンを!
how to make ■ a: P.136 b: P.139 c: P.139

NORTH EUROPEAN

a   b   c

135

P.134 北欧テイストのプランターカバー(a)

材料
ハマナカエコクラフト
オレンジ(30) [5m巻] 2巻

用意する本数
タテ芯	7レーン	37cm：10本
アミ芯(底)	2レーン	1m30cm：2本
アミ芯(側面)	7レーン	[A] 28.5cm・[B] 29cm・[C] 29.5cm・[D] 30cm・[E] 30.5cm・[F] 31cm・[G] 31.5cm・[H] 32cm・[I] 32.5cm・[J] 33cm・[K] 33.5cm・[L] 34cm：各1本
縁どめ芯	4レーン	34.5cm：1本
縁編みひも	6レーン	50cm：5本

できあがり寸法

直径11cm / 10.5cm

作り方

1 底組み をします

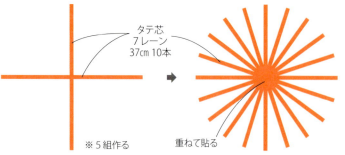

タテ芯 7レーン 37cm 10本
※5組作る
重ねて貼る

2 底編み をします

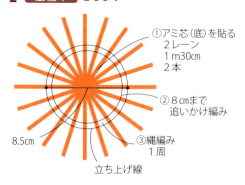

①アミ芯(底)を貼る 2レーン 1m30cm 2本
②8cmまで追いかけ編み
③縄編み1周
8.5cm
立ち上げ線

3 立ち上げ 側面編み 縁どめ をします

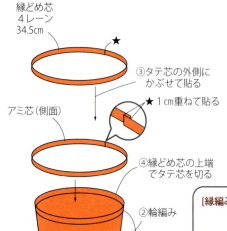

縁どめ芯 4レーン 34.5cm
③タテ芯の外側にかぶせて貼る
★1cm重ねて貼る
アミ芯(側面)
④縁どめ芯の上端でタテ芯を切る
②輪編み 9.5cm 12段
①立ち上げる

アミ芯(側面)		
12	[L]	34
11	[K]	33.5
10	[J]	33
9	[I]	32.5
8	[H]	32
7	[G]	31.5
6	[F]	31
5	[E]	30.5
4	[D]	30
3	[C]	29.5
2	[B]	29
1段目	[A]	28.5cm

4 縁どめ をします

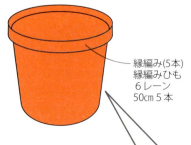

縁編み(5本) 縁編みひも 6レーン 50cm 5本

[縁編み(5本)]

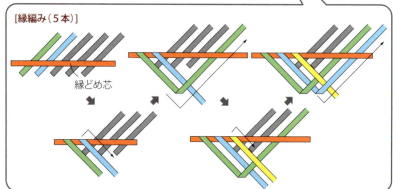

縁どめ芯

1 底組み

① タテ芯2本を十字に重ねてボンドでとめます。
※5組作ります。

② ①5組を均等に放射状に重ね、中心をボンドでとめます。

2 底編み

① アミ芯2本をタテ芯に貼ります。

② 追いかけ編みをします。

③ 直径8cmまで追いかけ編みをし、縄編み1周して余分を切り、ボンドでとめます。

3 立ち上げ／側面編み

① タテ芯を立ち上げ、アミ芯を輪にして1cm重ねてとめ、タテ芯に交互に通します。

② アミ芯をそれぞれ輪にし、[A]〜[L]を順に交互に通します。

③ 縁どめ芯を外側にかぶせ、タテ芯を内側にボンドでとめます。

4 縁どめ

① 上端でタテ芯を切ります。

② 縁編み(5本)をします。縁編みひもをタテ芯の間の隙間に差し込みます。

③ タテ芯1本をはさんで2本目の縁編みひもを差し込みます。

④ 右側の縁編みひも(★)を端を約5cm出して斜めに折ります。

縁どめ

❺ 左側の縁編みひもを端を約5cm出して斜めに折ります。

❻ ❺をアミ芯2段目の位置で折り返します。

❼ (★)の上を通ってタテ芯5本目先の隙間に下から通します。

❽ (★)の右側に、3本目の縁編みひも(♥)を差し込みます。

❾ ❽を斜めに折ります。

❿ (★)を折り返し、(♥)の上を通ってタテ芯5本目先の隙間に下から通します。

⓫ ❽〜❿と同様に、4本目の縁編みひもを編み込みます。

⓬ ❽〜❿と同様に、5本目の縁編みひもを編み込みます。

⓭ 上に出ている一番左のひも(●)を斜めに折ります。

⓮ 下のひもを折り返し、タテ芯5本目先の隙間に下から通します。

⓯ くり返して、全てのタテ芯の隙間にひもが通るまで1周し、編み始めの端を切ってボンドでとめます。

⓰ ⓭、⓮と同様に折り、編み始めとつながる位置で縁編みひもを切ります。

⑰ ⑯をボンドでとめます。

⑱ 残りの縁編みひもも、上下の重なりが同じになるように、同様に編みこんでとめます。

⑲ できあがり。

P.135 北欧テイストのプランターカバー (b)(c)

材 料
ハマナカエコクラフト
[b]ベージュ(1) [5m巻] 3巻
[c]白(2) [5m巻] 3巻

用意する本数
タテ芯	7レーン 46cm：10本
アミ芯(底)	2レーン 1m50cm：2本
アミ芯(側面)	7レーン [A] 34.5cm・[B] 35cm・[C] 35.5cm・[D] 36cm・[E] 36.5cm・[F] 37cm・[G] 37.5cm・[H] 38cm・[I] 38.5cm・[J] 39cm・[K] 39.5cm・[L] 40cm・[M] 40.5cm・[N] 41cm・[O] 41.5cm・[P] 42cm：各1本
縁どめ芯	4レーン 42.5cm：1本
縁編みひも	7レーン 60cm：5本

できあがり寸法

直径14cm / 14.5cm

作り方
※詳しい作り方はP.136と共通

1 底組み をします

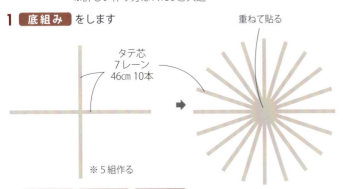
タテ芯 7レーン 46cm 10本
重ねて貼る
※5組作る

2 底編み をします

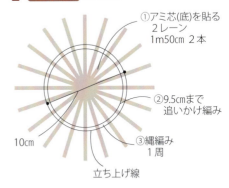
①アミ芯(底)を貼る 2レーン 1m50cm 2本
②9.5cmまで追いかけ編み
③縄編み 1周
10cm
立ち上げ線

3 立ち上げ 側面編み 縁どめ をします

縁どめ芯 4レーン 42.5cm
★1cm重ねて貼る
アミ芯(側面)
③タテ芯の外側にかぶせて貼る
④縁どめ芯の上端でタテ芯を切る
①立ち上げる
②輪編み アミ芯[A]〜[P]を順に通す
13.5cm 16段

4 縁どめ をします

縁編み(5本) 縁編みひも 7レーン 60cm 5本

※縁編みはP.137参照

北欧風大きなかごバッグ

かごを編んだら、
外側から持ち手を貼ります。
横まちも十分にあるので、
荷物が多い時にも便利です。
how to make ■ P.141

P.140 北欧風大きなかごバッグ

材料
ハマナカエコクラフトワイド
ベージュ(401)[10m巻] 3巻
マロン(414)[10m巻] 1巻

できあがり寸法

用意する本数
タテ芯	[A] ベージュ 24レーン 1m11cm：10本
	[B] ベージュ 24レーン 1m8cm：4本
	[C] ベージュ 24レーン 1m2cm：4本
	[D] ベージュ 24レーン 96cm：4本
縁どめ芯(内)	ベージュ 24レーン 97cm：1本
持ち手	(外) マロン 24レーン 2m18cm：1本
	(内) マロン 24レーン 92cm：2本

作り方

1 底組み をします

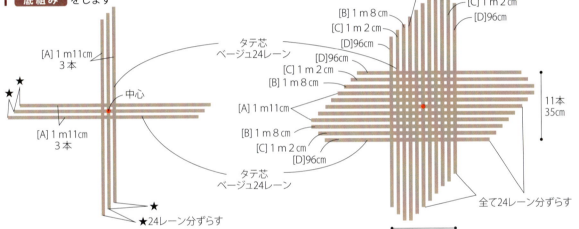

2 立ち上げ をします

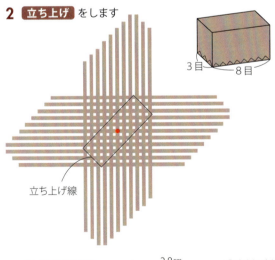

3 側面編み をします

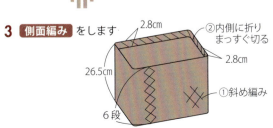

4 仕上げ をします

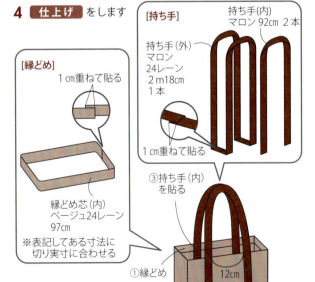

1 底どめ 底組み 立ち上げ 側面編み

❶ 作り方図の通りに底と側面を作り、縁どめをします。

2 仕上げ

❶ 持ち手(外)を輪にし、1cm重ねてボンドでとめます。

❷ ❶を写真のように本体にかけ、ボンドで貼ります。

❸ 持ち手(内)を内側の底から持ち手(外)に沿って貼ります。

❹ 反対側も同様に貼って、できあがり。

P.49 ピクニックバスケット

できあがり寸法
36cm / 22cm / 15.5cm / 23cm / 28cm

材 料	用意する本数		
ハマナカエコクラフト	[本体]		
パステルブルー(18) [5m巻] 4巻	底どめ芯(縦)	白7レーン23cm：18本	
白(102)[30m巻] 1巻	底どめ芯(横)	白6レーン28cm：2本	
(2)[5m巻] 3巻	タテ芯(横)	白6レーン73cm：11本	
	タテ芯(縦)	白6レーン82cm：17本	
	補強芯	白6レーン23cm：4本	
	アミ芯	白4レーン24m：2本 ※つなぎながら編む	
	編みひも	パステルブルー 1レーン3m20cm・2m50cm：各5本	

[ふた]	
底どめ芯(縦)	パステルブルー 6レーン18.3cm：4本
底どめ芯(横)	パステルブルー 8レーン22.5cm：20本
タテ芯(縦)	パステルブルー 6レーン36cm：22本
タテ芯(横)	パステルブルー 6レーン34cm：22本
補強芯	パステルブルー 6レーン20.5cm：1本
編みひも	パステルブルー 1レーン1m50cm：10本
ループ	パステルブルー 6レーン4.7cm：10本
[持ち手]	
持ち手	(外)白12レーン46cm：2本
	(中)白12レーン25cm：1本
	(内)白12レーン46cm：1本
巻きひも	白2レーン4m70cm：1本
[軸]	
軸	(外)白4レーン32cm：2本
	(内)白4レーン22cm：2本
巻きひも	白2レーン1m70cm：1本
ストッパー	白6レーン4cm：2本
リボン	(上)パステルブルー 12レーン28cm：2本
	(下)パステルブルー 12レーン22cm：2本
	(中心)パステルブルー 12レーン5.3cm：2本

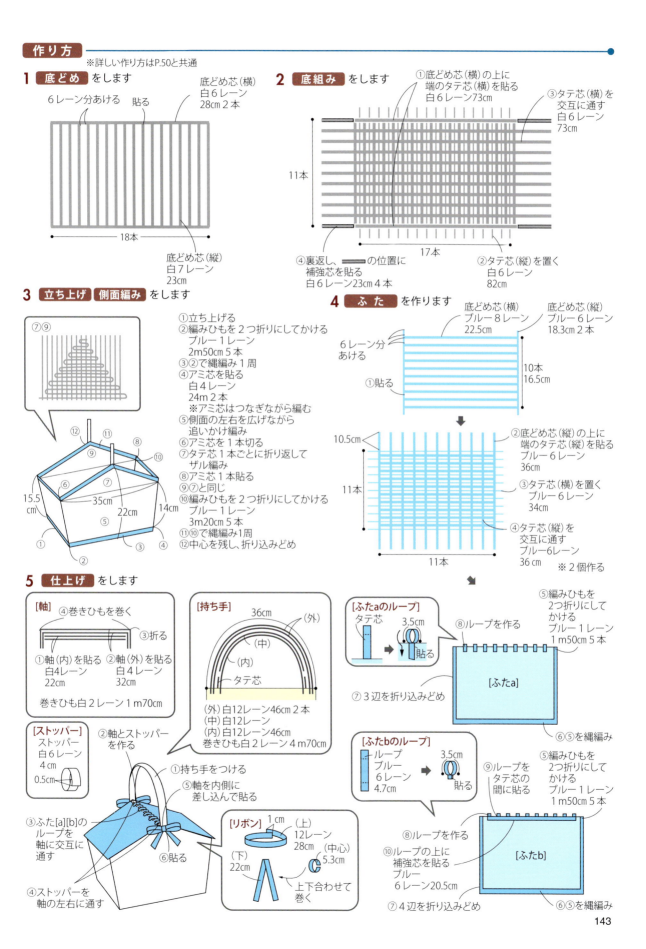

SQUARE KNOT
ノット編み

難しそうに見えるけど
1つ覚えればあとは同じ！

しっかりした形に仕上がり
形が崩れないのがポイントです。

LINE UP ◈ SQUARE KNOT

P.146

P.147

P.152

P.153

P.158

P.159

P.159

P.159

基本のノット編み
SQUARE KNOT

小さなノット編みのかご

結んでいく編み方のノット編み。
「小さな四角を作る」の繰り返し。
まずは、小さなかごから編んでみましょう。
how to make ✦ a: P.148 b: P.167

a

SQUARE KNOT

P.146 小さなノット編みのかご(a)

材　料
ハマナカエコクラフト
[a] 抹茶(37)[5m巻] 3巻
　　白(2)[5m巻] 1巻

できあがり寸法

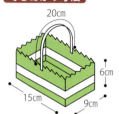

用意する本数
アミ芯	[A] 抹茶5レーン 90cm：10本
	[B] 抹茶5レーン 1m10cm：6本
	[C] 抹茶5レーン 1m80cm：3本
	白5レーン 1m80cm：1本
持ち手	(内) 白5レーン 45cm：1本
	(外) 白5レーン 46cm：1本
巻きひも	白2レーン 1m90cm：1本

作り方

1 底編み をします

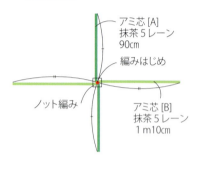

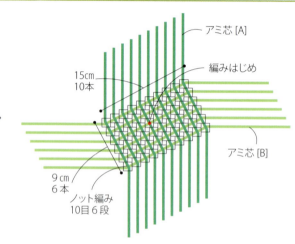

2 側面編み をします

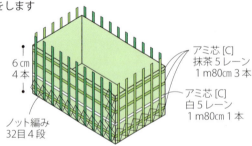

3 縁どめ をします

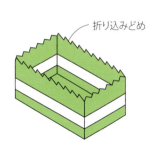

4 持ち手 をつけます

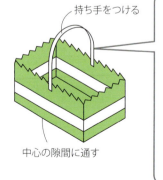

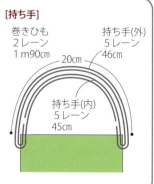

1 底編み

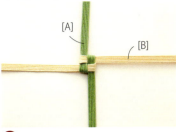

❶ アミ芯[A]とアミ芯[B]を中心で、1目編みます。
※P.184 1 参照。
※編んでいるところは、わかりやすいように別色の芯を使用しています。

❷ 新たなアミ芯[A]ではさみ、続けて左側に編みます。

このとき、アミ芯[A]の下を揃えるようにします。
※写真ではわかりやすいように短くしていますが、実際の長さに合わせてください。

❸ アミ芯[A]を足しながら5目編みます。
※編みはじめにはわかりやすいようにシール（●）を貼っています。

❹ 180度回転させ、新たなアミ芯[A]を足しながら4目編みます。1段編めました。

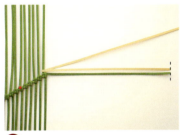

❺ 新たなアミ芯[B]を1段目と長さを揃えて折り、長さを合わせた側が上になるようにします。

❻ ❺のアミ芯[B]と右上のアミ芯[A]で1目編みます。

❼ ❺のアミ芯[B]と隣のアミ芯[A]で同様に9目編みます。2段編めました。

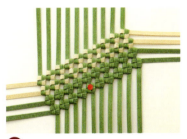

❽ ❺〜❼と同様に、新たなアミ芯[B]をかけ、隣のアミ芯[A]で2段編みます。計4段編めました。

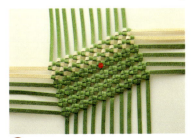

❾ 180度回転させて、❺〜❼と同様に、新たなアミ芯[B]とアミ芯[A]で2段編みます。

2 側面編み

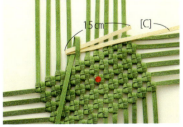

❶ アミ芯[C]（抹茶）を15cmで折り、アミ芯[A]と1目編みます。

❷ 1目編んだところです。

> 側面編み

❸ 左向きに、角まで編みます。

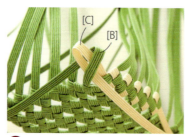

❹ アミ芯[C]（抹茶）を折り、角のアミ芯[B]ではさみます。

❺ アミ芯[B]をアミ芯[C]（抹茶）の輪に通します。

❻ アミ芯[C]（抹茶）をアミ芯[B]の輪に通します。

❼ 引き締めます。角の目が編めました。
※角は編み目の隙間が△になります。

❽ 同様に、最後の目の手前まで編んで1周します。

❾ アミ芯[C]（抹茶）の編みはじめの端を後ろ側に折ります。

❿ アミ芯[C]（抹茶）の編み終わりの端を後ろ側に折ります。

⓫ 最後の目のアミ芯[B]を下から❾の輪に通します。

⓬ 続けてアミ芯[B]を後ろ側に折り、❾❿をはさんで下の隙間から出します。

⓭ 続けてアミ芯[B]を折り返し、❿の輪に通します。

⓮ 裏から引き締めます。

⓯ ⓮の端を両側の編み目に1目ずつ通します。

⓰ 余分を切ります。

⓱ 側面が1段編めました。

⓲ 2段目を編みます。アミ芯[C](白)で❶〜⓰と同様に編みます。

⓳ 2段目が編めました。

⓴ 3、4段目を編みます。アミ芯[C](抹茶)で❶〜⓰と同様に編みます。

㉑ 側面が編めました。

3 縁どめ

❶ 折り込みどめをします。アミ芯の端を斜めに切ります。

❷ 裏側の編み目に1目通します。

❸ 端を整えて、続けてさらに2目(計3目分)通し、余分を切ります。

4 持ち手

❶ 持ち手を側面の中心の隙間に通し、反対側にも通してつけます。
※持ち手(外)(内)のつけ方はP.107 **5** 参照。

❷ 持ち手を巻きひもで巻いて、できあがり。
※巻き方はP.22 **4** ⓭〜⓰参照。

ノット編みのクラッチバッグ

しっかりした形のクラッチバッグです。
ノット編みは1つ1つの形を整えながら編むと
出来上がりが綺麗です。
how to make a: P.154 b: P.157

SQUARE KNOT

b

P.152 ノット編みのクラッチバッグ(a)

材料
ハマナカエコクラフト
チョコレート(115)[30m巻] 1巻
緑(5)[5m巻] 1巻

できあがり寸法
24cm × 13.5cm × 7cm

用意する本数
アミ芯
[A・長] チョコレート 6レーン1m70cm：12本
[A・短] チョコレート 6レーン1m20cm：2本
[B] チョコレート6レーン1m75cm：4本
[C] チョコレート6レーン2m20cm：7本
[D] 緑6レーン70cm：2本
[E] チョコレート6レーン1m：8本
　　緑6レーン1m：1本
リボン　緑10レーン18cm：1本
リボン(中心)　緑10レーン4.5cm：1本

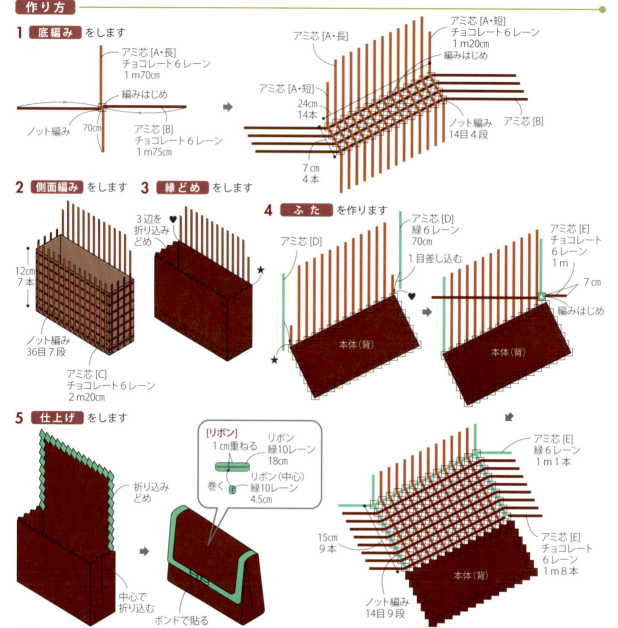

1 底編み

❶ アミ芯[A・長]を70㎝の位置で折り、半分に折ったアミ芯[B]ではさみます。

❷ 1目編みます。
※P.184 **1** 参照。

❸ 新たなアミ芯[A・長]の下の長さを❶に合わせながら、6目編みます。
※P.149 **1** ❶❷ 参照。
※編みはじめにわかりやすいようにシール（●）を貼っています。

❹ アミ芯[A・短]を半分に折ってはさみ、8目めを編みます。

❺ 8目編めました。

❻ 180度回転させ、新たなアミ芯[A・長]の下の長さを❶に合わせて折り、はさみます。

❼ 反対側と同様に、5目編みます。

❽ アミ芯[A・短]を半分に折ってはさみ、1目編みます。

❾ 1段編めました。

❿ 新たなアミ芯[B]とアミ芯[A]で、2段めと3段めを編みます。
※P.149 **1** ❺～❼ 参照。

⓫ 180度回転させて、❿と同様に、新たなアミ芯[B]とアミ芯[A]で1段編みます。底ができました。

2 側面編み

❶ アミ芯[C]を足しながら7段編み、ふた側の14本以外のアミ芯を折り込みどめします。※側面編みはP.149 **2**、折り込みどめはP.151 **3** 参照。

3 ふた

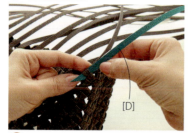

❶ アミ芯[D]を、端のアミ芯[A]の表側に約7cm差し込みます。

❷ アミ芯[E]（チョコレート）の上側を約7cmの位置で折ってはさみ、❶と1目編みます。

❸ 裏側です。

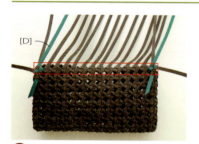

❹ ❷のアミ芯[E]（チョコレート）と残しておいたアミ芯[A]で12目編み、14目めは新たなアミ芯[D]を❶と同様に差し込んで編みます。

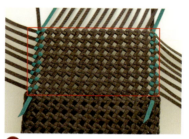

❺ アミ芯[E]（チョコレート）を足しながら7段編みます。

❻ アミ芯[E]（緑）を足して1段編みます。

4 仕上げ

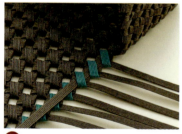

❶ 3❶の内側のアミ芯[A]の端を、内側の編み目に3目通します。

❷ 余分を切ります。

❸ アミ芯[D]の余分を切ります。反対側も同様にします。

❹ ふたの全てのアミ芯を、折り込みどめします。
※P.151 3 参照。

❺ 側面を内側に折り込みます。

❻ リボンを作り、つけて、できあがり。
※リボンの作り方はP.36参照。

P.153 ノット編みのクラッチバッグ(b)

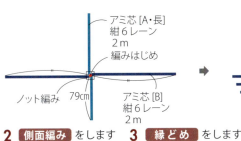

材料
ハマナカエコクラフト
紺(103)[30m巻]1巻
(3)[5m巻]1巻
赤(31)[5m巻]1巻

用意する本数
アミ芯
[A・長]紺6レーン2m：12本
[A・短]紺6レーン1m40cm：2本
[B]紺6レーン2m：4本
[C]紺6レーン2m20cm：9本
[D]赤6レーン75cm：2本
[E]紺6レーン1m：9本
　　赤6レーン1m：1本
リボン　赤10レーン18cm：1本
リボン(中心)　赤10レーン4.5cm：1本

できあがり寸法
24cm × 16cm × 7cm

作り方
※詳しい作り方はP.154と共通

1 底編み をします
- アミ芯[A・長] 紺6レーン2m 編みはじめ
- 79cm
- ノット編み
- アミ芯[B] 紺6レーン2m
- アミ芯[A・長]
- アミ芯[A・短] 紺6レーン1m40cm 編みはじめ
- 24cm 14本
- 7cm 4本
- アミ芯[B]
- ノット編み 14目4段

2 側面編み をします
- 14cm 9本
- ノット編み 36目9段
- アミ芯[C] 紺6レーン2m20cm

3 縁どめ をします
- 3辺を折り込みどめ

4 ふた を作ります
- アミ芯[D]
- アミ芯[D] 赤6レーン75cm
- 1目差し込む
- 本体(背)
- ★
- アミ芯[E] 赤6レーン1m
- 15cm 編みはじめ
- 本体(背)

5 仕上げ をします
- 折り込みどめ
- 中心で折り込む
- ボンドで貼る
- [リボン] 1cm重ねる リボン 赤10レーン18cm
- 巻く リボン(中心) 赤10レーン4.5cm
- アミ芯[E] 赤6レーン1m1本
- アミ芯[E] 紺6レーン1m9本
- 16cm 10本
- 本体(背)
- ノット編み 14目10段

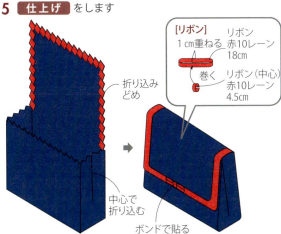

ノット編みのスクエアバッグ

ノット編みは見た目がかわいいだけでなく
1つ1つしっかり編むのでとても丈夫。
how to make　a: P.160　b: P.181

a

SQUARE KNOT

ノット編みの小さなケース

レターラックに使ったり、携帯入れにしたり…
机の上や棚をすっきりさせるケースです。
カラフルにいくつかあってもいいですね。
 how to make ◆P.161

P.158 ノット編みのスクエアバッグ(a)

材 料
ハマナカエコクラフト
つゆ草(128)[30m巻]1巻
(28)[5m巻]4巻

用意する本数
アミ芯	[A]	6レーン 2m：16本
	[B]	6レーン 2m40cm：8本
	[C]	6レーン 2m85cm：12本
持ち手	(外)	8レーン 64cm：2本
	(内)	8レーン 30cm：2本
巻きひも		2レーン 3m60cm：2本

できあがり寸法

36cm / 20cm / 13.5cm / 27cm

作り方
※底の編み方はP.184の **1**・側面の編み方と縁どめはP.149の **2**、**3**・持ち手はP.83の **4** 参照

1 底編み をします

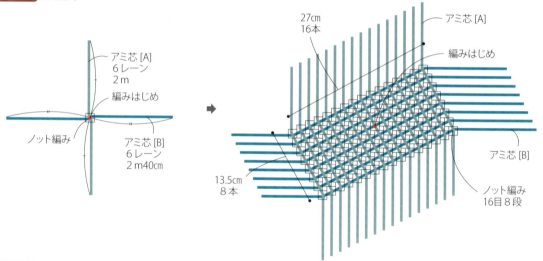

2 側面編み をします

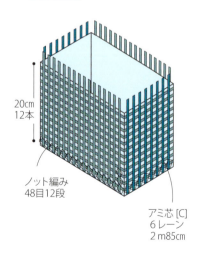

3 縁どめ 持ち手 をつけます

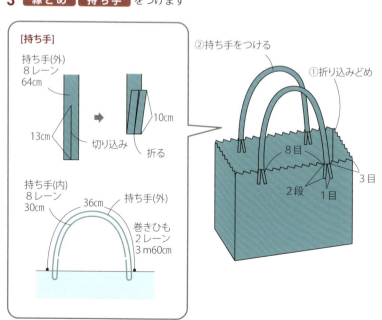

P.159 ノット編みの小さなケース (a)

材料
ハマナカエコクラフト
赤(31) [5m巻] 3巻

用意する本数
アミ芯　[A] 5レーン 1m：8本
　　　　[B] 5レーン 1m20cm：4本
　　　　[C] 5レーン 1m40cm：6本

できあがり寸法

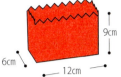

作り方
※作り方はP.149〜P.151参照

1 底編み をします

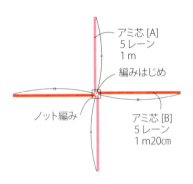
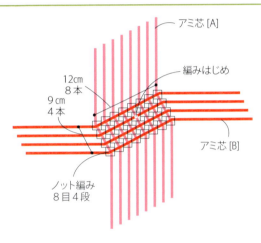

2 側面編み をします

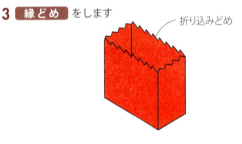

3 縁どめ をします

P.159 ノット編みの小さなケース (b)

材料
ハマナカエコクラフト
グレー(20) [5m巻] 3巻

用意する本数
アミ芯　[A] 5レーン 1m：8本
　　　　[B] 5レーン 1m20cm：4本
　　　　[C] 5レーン 1m40cm：6本

できあがり寸法

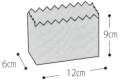

※作り方はaと共通

161

FIRST ECO CRAFT

はじめてのエコクラフト

それぞれの編み方で
すぐできる小さな作品を紹介します。

好きな形を好きな色で
作りましょう！

LINE UP 1st FIRST ECO CRAFT

P.163

P.168

P.173

P.178

P.182

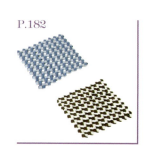

1st　SQUARE BOTTOM

四角底のメガネケース

牛乳パックを型にして作るので
はじめてでも簡単！
まっすぐにきれいに仕上がります。
how to make ■ P.164

a　　　b

P.163 四角底のメガネケース(a)(b)

材料
ハマナカエコクラフト
[a]コスモス(34)[5m巻]1巻
　ベージュ(1)[5m巻]1巻
[b]紺(3)[5m]1巻
　ベージュ(1)[5m巻]1巻

用意する本数
[a]
タテ芯(縦)　コスモス12レーン32cm：4本
タテ芯(横)　コスモス12レーン32cm：4本
アミ芯　　　ベージュ12レーン30cm：5本
縁どめ芯　　(外)コスモス12レーン30.5cm：1本
　　　　　　(中)ベージュ4レーン29.5cm：1本
　　　　　　(内)コスモス12レーン29cm：1本
リボン　　　ベージュ6レーン25cm：1本

[b]
タテ芯(縦)　紺12レーン32cm：4本
タテ芯(横)　紺12レーン32cm：4本
アミ芯　　　ベージュ12レーン30cm：5本
縁どめ芯　　(外)紺12レーン30.5cm：1本
　　　　　　(中)ベージュ4レーン29.5cm：1本
　　　　　　(内)紺12レーン29cm：1本
リボン　　　ベージュ6レーン25cm：1本

できあがり寸法
10cm × 7.5cm × 7.5cm

作り方

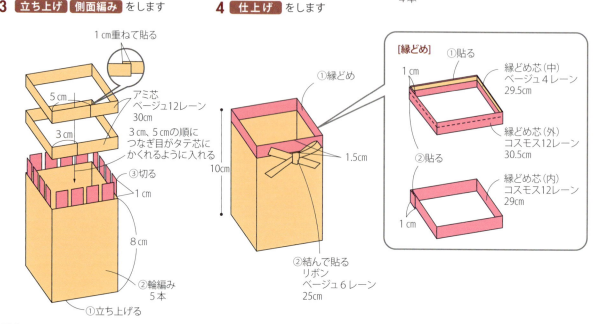

1 底どめ をします
タテ芯(縦) コスモス12レーン 32cm
タテ芯(横) コスモス12レーン 32cm
貼る / 7.1cm / 7.1cm

2 底組み をします
通す / 4本 / 4本 / 立ち上げ線

3 立ち上げ 側面編み をします
1cm重ねて貼る
5cm / 3cm
アミ芯 ベージュ12レーン 30cm
3cm、5cmの順につなぎ目がタテ芯にかくれるように入れる
③切る / 1cm / 8cm
②輪編み 5本
①立ち上げる

4 仕上げ をします
①縁どめ
10cm / 1.5cm
②結んで貼る
リボン ベージュ6レーン 25cm

[縁どめ]
①貼る / 1cm
縁どめ芯(中) ベージュ4レーン 29.5cm
縁どめ芯(外) コスモス12レーン 30.5cm
②貼る
縁どめ芯(内) コスモス12レーン 29cm
1cm

1 底どめ

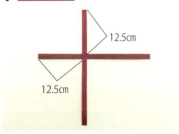
❶ タテ芯を(縦)を上にして十字に置き、重なった部分をボンドでとめます。

❷ 右側にタテ芯(縦)を下から入れ、ボンドでとめます。

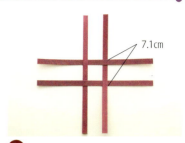
❸ 下側にタテ芯(横)を井桁になるように入れ、ボンドでとめます。

2 底編み

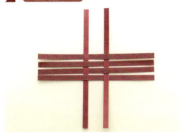
❶ タテ芯(横)2本を上下の重なりが交互になるように2本入れます。

❷ タテ芯(縦)2本を上下の重なりが交互になるように2本入れます。

3 立ち上げ 側面編み

❶ 端に定規などをあててタテ芯を立ち上げます。

❷ 立ち上げたところです。

❸ 輪編みをします。アミ芯を輪にし、1cm重ねてボンドでとめます。5本作ります。

❹ ❸の輪を平らに折り、折り目(★)が重なるようにもう一度平らに折ります。3cm 3本、5cm 2本作ります。

❺ ❹の折り目で四角にします。

❻ 牛乳パックを高さ14cmで切り、型にします。

❼ ❷に❻をのせます。

側面編み

❽ アミ芯の輪を牛乳パックに通します。

❾ タテ芯を交互に通します。

❿ ❾と上下が逆になるように、次のアミ芯を通します。

⓫ 5段通し、霧吹きをして、隙間をつめます。

⓬ 牛乳パックを抜きます。

⓭ 最後の段のアミ芯にタテ芯を貼ります。

4 縁どめ

❶ 上端からの高さ1cmでタテ芯を切ります。

❷ 縁どめ芯(外)の上端に合わせ、端を1cmあけて縁どめ芯(中)を貼ります。

❸ ❷と縁どめ芯(内)を❸、❹と同様に、端が角にくるようにして四角にします。

❹ 縁どめ芯(外)の内側にボンドをつけます。

❺ タテ芯の外側に❹をはめます。

❻ 洗濯ばさみなどでおさえて貼ります。

7 縁どめ芯(内)の外側にボンドをつけ、**6**の内側に上端を合わせて貼ります。

8 貼れたところです。

5 仕上げ

1 リボン結びをし、端を斜めに切ります。

2 リボンをボンドで貼って、できあがり。

P.85 ゆかたバッグ

巾着

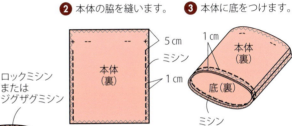

1 端の始末をします。
2 本体の脇を縫います。
3 本体に底をつけます。

ロックミシンまたはジグザグミシン

5cm / ミシン / 1cm
1cm / 本体(裏) / 底(裏) / ミシン

製図
※( )は縫い代(cm)

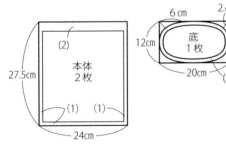

底 1枚
6cm / 2.4cm / 12cm / 20cm / (1)

27.5cm / 本体 2枚 / (2) / (1) (1) / 24cm

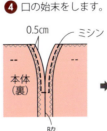

4 口の始末をします。
0.5cm / ミシン / 本体(裏) / 脇

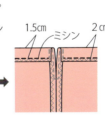

1.5cm / ミシン / 2cm

5 ひもを通します。
丸ひも80cm 2本 / 通す

P.147 小さなノット編みのかご(b)

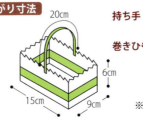

材料
ハマナカエコクラフト
白(2) [5m巻] 3巻
抹茶(37) [5m巻] 1巻

できあがり寸法
20cm / 6cm / 15cm / 9cm

用意する本数
アミ芯
[A] 白5レーン90cm：10本
[B] 白5レーン1m10cm：6本
[C] 白5レーン1m80cm：3本
　　抹茶5レーン1m80cm：1本

持ち手
(内) 抹茶5レーン45cm：1本
(外) 抹茶5レーン46cm：1本

巻きひも　抹茶2レーン1m90cm：1本

※作り方はP.148と共通

167

1st OVAL BOTTOM

楕円底のこもの入れ

小さいのですぐできる楕円底です。
持ち手にリボンをつけて
かわいい形のこもの入れです。
how to make ●P.169

P.168 楕円底のこもの入れ

材料
ハマナカエコクラフト
パステルブルー(18)[5m巻] 1巻

できあがり寸法

用意する本数
底どめ芯(縦)	6レーン6cm：2本
底どめ芯(横)	8レーン9cm：4本
タテ芯(縦)	6レーン31cm：5本
タテ芯(横)	6レーン34cm：3本
タテ芯(増し芯)	6レーン12cm：4本
アミ芯(底)	2レーン1m50cm：2本
アミ芯(側面)	6レーン40cm：4本
	3レーン40cm：4本
持ち手	(外) 6レーン28cm：1本
	(中) 6レーン7cm：1本
	(内) 6レーン28cm：1本
リボン	(上) 4レーン16cm：1本
	(下) 4レーン30cm：1本
	(中心) 6レーン5cm：1本

作り方

1 底どめ をします

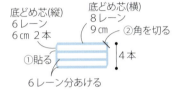

2 底組み をします

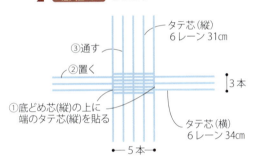

3 底編み をします　　　　　**4** 立ち上げ 側面編み をします

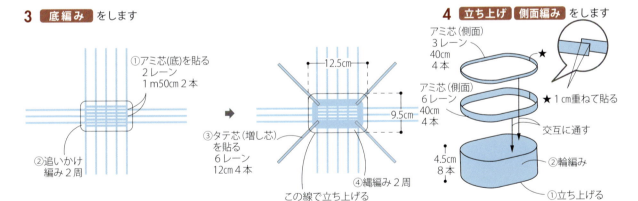

5 仕上げ をします

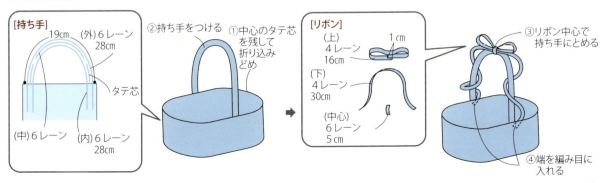

1 底どめ

❶ 底どめ芯（縦）2本に底どめ芯（横）をボンドで貼ります。

❷ 6レーンのガイド（材料外）を置き、底どめ芯（横）を貼ります。

❸ ❷を繰り返し、底どめ芯（横）計4本を均等に貼ります。

❹ 角を切ります。

❺ 4か所とも切ります。

2 底組み

❶ 底どめ芯（横）をはさんでタテ芯（縦）2本を貼ります。

❷ タテ芯（横）を間に置きます。

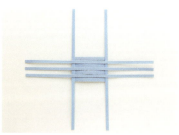

❸ 計3本置きます。

❹ タテ芯（縦）を交互に通します。

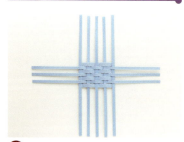

❺ 同様に、計3本のタテ芯（縦）を通します。

3 底編み

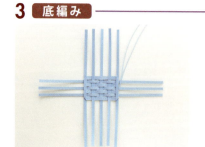

❶ 裏返し、アミ芯（底）2本を、写真のようにタテ芯に貼ります。

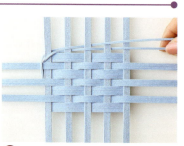

❷ 表に返し、追いかけ編みをします。

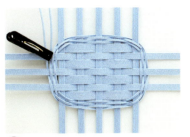

❸ 追いかけ編みで2周します。

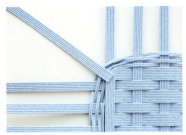

❹ 裏返し、タテ芯(増し芯)を角に貼ります。

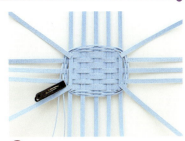

❺ 同様に、残りの角にもタテ芯(増し芯)を貼ります。

❻ 表に返し、続けて縄編みをします。

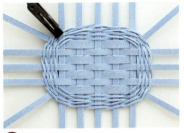

❼ 縄編みで2周し、余分を切って裏側にボンドでとめます。

4 立ち上げ 側面編み

❶ 底を裏返し、端に定規などをあて、タテ芯を立ち上げます。

❷ アミ芯(側面)を輪にし、1cm重ねてボンドでとめます。全てのアミ芯(側面)を同様に輪にします。

❸ 6レーンのアミ芯の輪をタテ芯に交互に通します。

❹ 3レーンのアミ芯の輪を❸と上下が逆になるように通します。

❺ ❸、❹を繰り返し、全てのアミ芯を通します。

5 縁どめ

❶ 折り込みどめをします。上端でタテ芯を折ります。前と後ろの中心2本は折りません。
※中心にはわかりやすいようにシール(●)を貼っています。

❷ ❶を内側のアミ芯に通します。

縁どめ

③ ❶、❷をくり返し、余分なタテ芯を切ります。

6 持ち手

❶ 持ち手(外)を中心のタテ芯の外側に差し込みます。

❷ ❶の内側にタテ芯をボンドで貼ります。

❸ 持ち手(中)をタテ芯につき合わせて貼り、余分は切ります。

❹ タテ芯の内側に持ち手(内)を差し込み、ボンドで貼ります。

7 仕上げ

❶ リボン(上)を輪にし、1cm重ねてボンドでとめます。

❷ ❶の中心をボンドでとめます。

❸ リボン(下)と(上)を持ち手の中心にボンドで貼ります。

❹ リボン(中心)にボンドをつけ、持ち手とリボンを一緒に巻きます。

❺ 余分を切ります。

❻ リボン(下)を持ち手にからませ、端を内側に差し込みます。

❼ できあがり。

1st ROUND BOTTOM

六角底のミニかご

色を変えるとより編みやすい六角かご。
和テイストの仕上がりもいいですね。
小さいものはすぐできます。

how to make ● a: P.174 b: P.187

P.173 六角底のミニかご(a)

材 料
ハマナカエコクラフト
ピンク(9)[5m巻]1巻
パステルグリーン(17)[5m巻]1巻
白(2)[5m巻]1巻

できあがり寸法
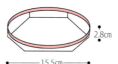
2.8cm
15.5cm

用意する本数
タテ芯
[A]ピンク・パステルグリーン・白
　6レーン28cm：各2本
[B]ピンク・パステルグリーン・白
　6レーン25cm：各2本
[C]ピンク・パステルグリーン・白
　6レーン22cm：各2本

縁どめ
(外)ピンク12レーン50cm：1本
(中)ピンク3レーン49cm：1本
(内)ピンク12レーン49cm：1本

飾り編みひも　パステルグリーン2レーン2m40cm：1本

作り方

1 底組み をします

[A]グリーン　[B]グリーン　[C]グリーン
[B]グリーン
[C]グリーン　[C]白
　　　　　　[B]白
　　　　　　[A]白
タテ芯[A]白6レーン28cm
[B]白6レーン25cm
[C]白6レーン22cm
立ち上げ線
[C]ピンク
[B]ピンク
[A]ピンク
[A]ピンク [B]ピンク [C]ピンク
15.5cm

2 立ち上げ をします

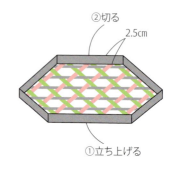

②切る　2.5cm
①立ち上げる

3 縁どめ 仕上げ をします

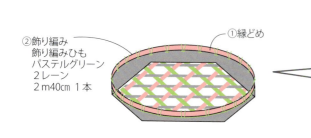

①縁どめ
②飾り編み
飾り編みひも
パステルグリーン
2レーン
2m40cm 1本

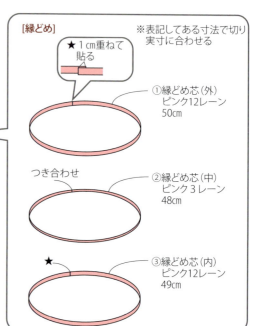

[縁どめ]
★1cm重ねて貼る

※表記してある寸法で切り実寸に合わせる

①縁どめ芯(外)ピンク12レーン50cm

つき合わせ
②縁どめ芯(中)ピンク3レーン48cm

★
③縁どめ芯(内)ピンク12レーン49cm

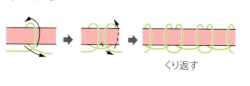

[飾り編み]
くり返す

1 底組み

❶ タテ芯[A](白)を型紙に合わせて横に2本並べます。

❷ タテ芯[A](ピンク)2本を斜めに重ねます。

❸ タテ芯[A](パステルグリーン)2本を、❶の下、❷の上になるように通します。

❹ タテ芯[B](白)2本を、❸の上下の重なりと同じになるように、上と下に通します。

❺ タテ芯[B](ピンク)2本を❷の両側に通します。

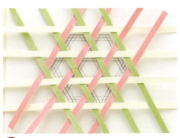

❻ タテ芯[B](パステルグリーン)2本を❸の両側に通します。

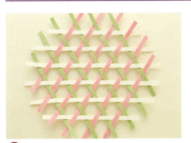

❼ タテ芯[C]6本を、❹~❻と同様に通します。

❽ 霧吹きをします。

❾ 型紙に合わせて間をつめ、形を整えます。

❿ 角と上になっているタテ芯をボンドでとめます。

2 立ち上げ

❶ 底の端に定規などをあて、タテ芯を立ち上げます。

❷ 全てのタテ芯を立ち上げます。

3 縁どめ

❶ 縁どめ芯(外)を本体に合わせ、1cmののり代を残して余分を切り、輪にしてとめます。

❷ ❶を高さ2.5cmに仮どめします。

❸ ❷の上端に合わせてタテ芯を切ります。

❹ 縁どめ芯(外)を上3レーン分あけた位置にずらします。

❺ タテ芯を縁どめ芯(外)の内側にボンドで貼ります。このとき、タテ芯のクロスの向きが揃うようにします。

❻ 1周貼れたところです。

❼ 縁どめ芯(中)を、縁どめ芯(外)の上端に合わせてボンドで貼ります。

❽ 1周し、つき合わせで余分を切ります。

❾ 縁どめ芯(内)を、上端に合わせてボンドで貼ります。

❿ 1周し、1cm重ねて余分を切ります。

4 仕上げ

❶ 飾り編みをします。飾りひもを写真のように縁に巻きつけ、約6cm端を出して仮どめします。

❷ 飾りひもを同じ隙間の上から下に巻き、下の輪に通します。

❸ タテ芯の隣の隙間に、飾りひもを下から上に巻き、下の輪に通します。

❹ ❷、❸を繰り返して縁をかがります。

❺ 1周かがります。

❻ かがり終わりのひもの輪に、かがり始めのひもを通します。

❼ 内側で余分を切ります。

❽ かがり始めと終わりのひもの端を内側で貼り合わせます。

❾ できあがり。

実物大の型紙

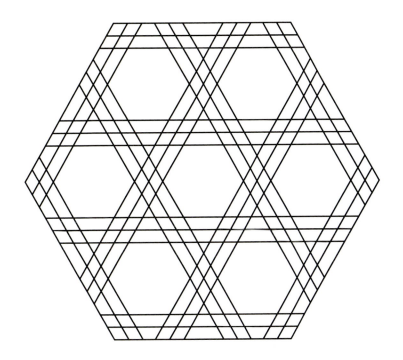

1st NORTH EUROPEAN

北欧風の斜めかご

どのかごも最後の縁の始末があって
大変そうに感じてしまいますが
これは、貼るだけなので一番簡単です。
how to make ■ a: P.179 b: P.181

b

a

P.178 北欧風の斜めかご (a)

材料
ハマナカエコクラフト
サンド(13) [5m巻] 2巻

用意する本数
タテ芯(縦) 12レーン 38cm：11本
タテ芯(横) 12レーン 38cm：11本

できあがり寸法

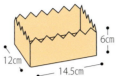
12cm / 14.5cm / 6cm

作り方

1 底組み をします

タテ芯(縦) 12レーン 38cm
中心
タテ芯(横) 12レーン 38cm
11本 18.5cm

2 立ち上げ をします

立ち上げ線
5目 / 6目

3 側面編み 縁どめ をします

③貼りどめ
②できあがりで切る
6cm
2.5段
①斜め編み

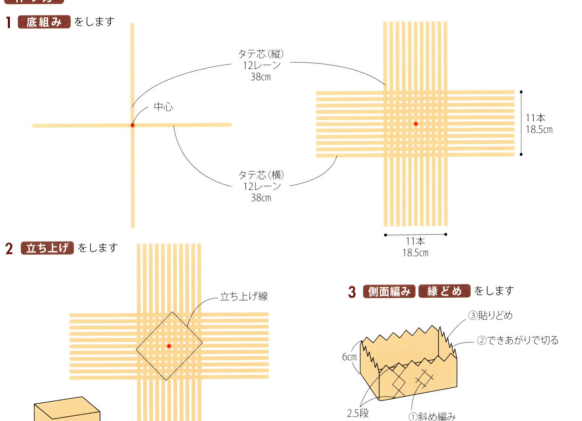

ワンポイントアドバイス

アイロンが便利

編み地を整えます
凸凹した編み地も、アイロンをかけるときれいに落ち着きます。

ボンドがすぐつきます
ボンドをつけてアイロンをかけると、すぐつくので便利です。

ボンドを剥がすときにも使えます。
間違って貼ってしまったときに、アイロンをかけると剥がしやすくなります。

1 底どめ

① タテ芯2本を十字に重ねてボンドでとめます。

※中心にはわかりやすいようにシール（●）を貼っています。

2 底組み

① 1の上下に、タテ芯を交互に5本ずつ入れます。

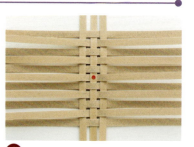

② 左右から、タテ芯を上下が交互になるように1本ずつ入れます。

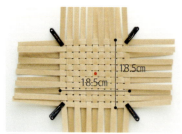

③ ②と同様に、左右各5本ずつ入れ、霧吹きをして、18.5cm幅に間をつめます。

④ 上に出ているタテ芯を、下のタテ芯にボンドでとめます。

⑤ 底ができました。

3 立ち上げ｜側面編み

① 角から5本めと6本めの間に定規などをあてます。

※5本目と6本目に、わかりやすいようにシール（●）を貼っています。

② 角を立ち上げます。

③ 反対側の角も立ち上げ、残りは角と角を結んだ線で立ち上げます。折り目の位置に霧吹きをし、しっかり折ります。

④ 角のタテ芯2本を持ちます。

⑤ 右のタテ芯を左のタテ芯の上にし、引き締めます。

⑥ 続けて隣のタテ芯の下、上、下と通します。

❼ 同様に、右側のタテ芯を上、下、上、下と通します。

❽ 同様に繰り返して1周します。

❾ 霧吹きをして間をつめ、最後の段のタテ芯をボンドでとめます。

4 仕上げ

❶ 貼りどめをします。重なったタテ芯の端に合わせて、タテ芯を切ります。

❷ ボンドで貼ります。

❸ できあがり。

P.178 北欧風の斜めかご (b)

材料
ハマナカエコクラフト
マロン(14)[5m巻] 2巻

用意する本数
タテ芯(縦) 12レーン38cm：11本
タテ芯(横) 12レーン38cm：11本

できあがり寸法

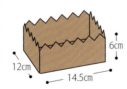

12cm / 14.5cm / 6cm

※作り方はP.179と共通

P.159 ノット編みのスクエアバッグ(b)

材料
ハマナカエコクラフト
サンド(113)[30m巻] 1巻
(13)[5m巻] 4巻

用意する本数
タテ芯　[A] 6レーン2m：16本
　　　　[B] 6レーン2m40cm：8本
　　　　[C] 6レーン2m85cm：12本
持ち手　(外) 8レーン64cm：2本
　　　　(内) 8レーン30cm：2本
巻きひも 2レーン3m60cm：2本

できあがり寸法

13.5cm / 27cm / 36cm / 20cm

※作り方はP.160と共通

1st SQUARE KNOT

ノット編みの鍋敷き
まっすぐに平らに編むので簡単！
残ったエコクラフトで
いろいろな色で編んでもいいですね。
how to make ❂ P.183

P.182 ノット編みの鍋敷き(a)(b)

材料

ハマナカエコクラフト

[a]
パステルブルー(18) [5m巻] 1巻
紺(3) [5m巻] 1巻

[b]
白(2) [5m巻] 1巻
チョコレート(15) [5m巻] 1巻

用意する本数

[a]
アミ芯 [A] パステルブルー 6レーン 70cm：9本
アミ芯 [B] 紺 6レーン 70cm：9本

[b]
アミ芯 [A] 白 6レーン 70cm：9本
アミ芯 [B] チョコレート 6レーン 70cm：9本

できあがり寸法 15cm × 15cm

作り方

1 底編みをします

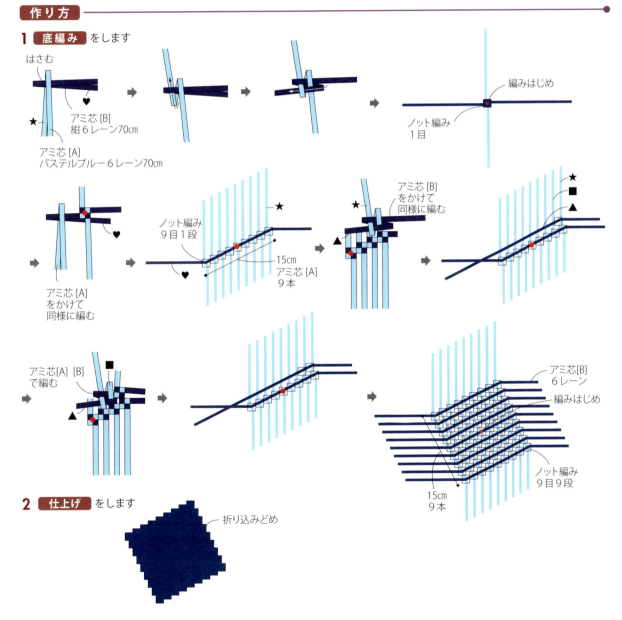

2 仕上げをします

1 底編み

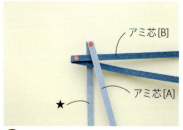

❶ アミ芯[A]とアミ芯[B]を半分に折り、アミ芯[A]ではさみます。
※中心にはわかりやすいようにシール(●)を貼っています。

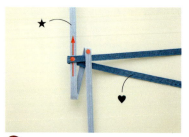

❷ アミ芯[A]の下側(★)をアミ芯[B]の輪に通します。

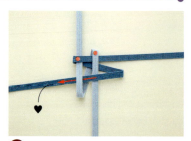

❸ アミ芯[B]の下側(♥)をアミ芯[A]の輪に通します。

❹ 引き締めます。1目編めました。

❺ 裏側です。

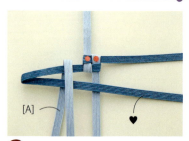

❻ アミ芯[B](♥)を後ろ側に軽く折り、新たなアミ芯[A]ではさみます。

❼ アミ芯[A]の下側をアミ芯[B]の輪に通します。

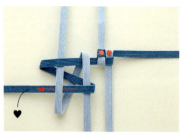

❽ アミ芯[B]の下側(♥)をアミ芯[A]の輪に通します。

❾ 引き締めます。2目編めました。

❿ 裏側です。

⓫ 同様に、アミ芯[A]を足しながら3目編みます。

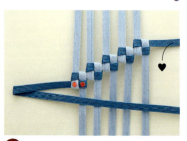

⓬ 180度回転させ、左のアミ芯[B]を後ろ側に軽く折ります。

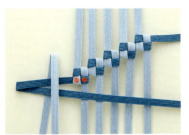

⓭ 新たなアミ芯[A]ではさみます。❼〜❾と同様に編みます。

⓮ 同様に、アミ芯[A]を足しながら4目編みます。1段編めました。

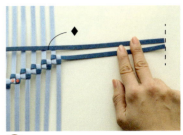

⓯ 新たなアミ芯[B]の右端を写真のように合わせます。

⓰ ⓯(◆)の位置で折り、アミ芯[A]の下に通します。

⓱ アミ芯[B]の下側を手前に軽く折り、アミ芯[A]を後ろ側に軽く折ります。

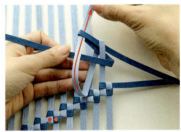

⓲ アミ芯[A]をアミ芯[B]の輪に通します。

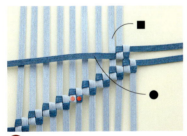

⓳ 引き締めます。2段めが1目編めました。2目めは、●と■のアミ芯で⓱〜⓲と同様に編みます。

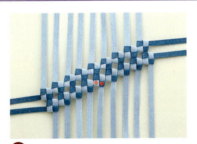

⓴ 8目編みます。2段めが編めました。

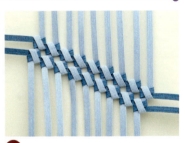

㉑ 裏側です。

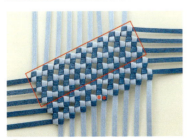

㉒ ⓯〜⓴と同様に、3段編みます。

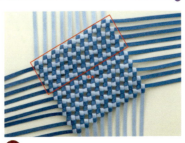

㉓ 180度回転させて、4段編みます。

2 仕上げ

❶ タテ芯の端を斜めに切ります。

仕上げ

❷ 全ての端を斜めに切っておきます。

❸ 裏側の編み目に1目通します。

❹ 1段通し、端を整えます。

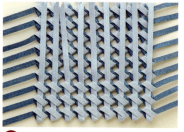
❺ 続けて2目(計3目分)通します。

❻ 余分を切ります。

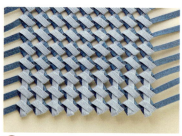
❼ 切ったところです。

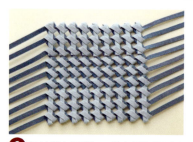
❽ 反対側も同様に、端を編み目に通して切ります。

❾ 横も同様に、端を編み目に通して切ります。

❿ できあがり。

P.127 北欧風の持ち手かご(b)

材料
ハマナカエコクラフトワイド
白(402)[10m巻] 2巻

できあがり寸法

用意する本数

タテ芯	[A]	24レーン 68cm：6本
	[B]	24レーン 65cm：4本
	[C]	24レーン 59cm：4本
	[D]	24レーン 53cm：4本
縁どめ芯		24レーン 80cm：1本
持ち手		24レーン 43cm：2本

※作り方はP.128と共通

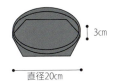

P.173 六角底のミニかご (b)

材料
ハマナカエコクラフト
あいいろ (22) [5m巻] 2巻

できあがり寸法
直径20cm / 3cm

用意する本数
タテ芯
- [A] 6レーン 33cm：6本
- [B] 6レーン 30cm：6本
- [C] 6レーン 27cm：6本
- [D] 6レーン 24cm：6本

縁どめ
- (外) 12レーン 66cm：1本
- (中) 3レーン 65cm：1本
- (内) 12レーン 65cm：1本

飾り編みひも 2レーン 3m：1本

作り方

※作り方はP.175〜P.177参照

1 底組み をします

2 立ち上げ をします

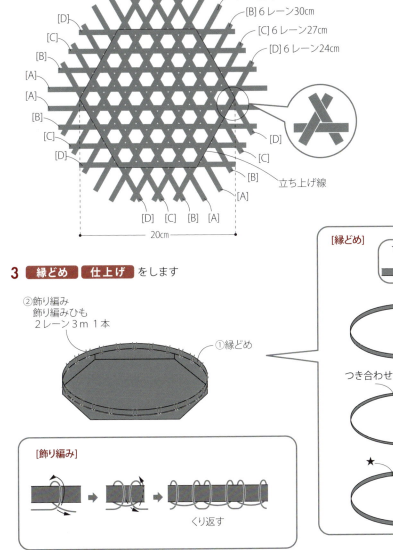

3 縁どめ 仕上げ をします

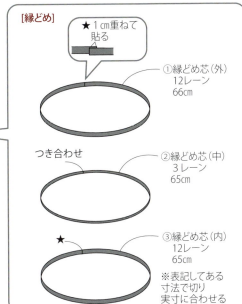

エコクラフトの編み方事典

この本で使われている編み方をまとめました。

底を組んで、側面を編んで、縁をとめる…そして、飾りや持ち手をつける。
大きく分けると、その組み合わせと大きさで、形が決まります。
いろいろなかごにチャレンジしてください！
色も好きな色で作りましょう。1色でもいいし、組み合わせても。
オリジナルのかごを作るのも簡単です。

底組み

四角底（交互） P.15

十字に組んだタテ芯の上下左右に、タテ芯を交互に入れて作る底の組み方です。

四角底（枠） P.53

最初に底の四角の枠を作り、間にタテ芯を通していく組み方です。

四角底（斜め） P.129

四角底（交互）と同様に交互に組みますが、斜めに使う組み方です。

楕円底 P.61

四角底（枠）からタテ芯を増し、まわりを編んで楕円にする底の作り方です。

丸底 P.99

十字に組んだタテ芯のまわりをぐるぐる編んで円にする底の作り方です。

六角底 P.110

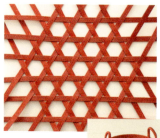

タテ芯を六角形にしながら交互に通して作る底の作り方です。3方向のタテ芯で編みます。

編み方

輪編み P.171

アミ芯を輪にして一段ずつ交互に通す編み方です。側面がきれいにそろいます。

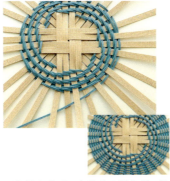

ザル編み P.99

アミ芯1本で、タテ芯の間を前、後ろと交互に通す編み方です。

折り返し編み P.52

側面を斜めにしたいときに、ザル編みでタテ芯で折り返しながら編みます。

追いかけ編み P.62

アミ芯2本で交互にザル編みをします。上のアミ芯と下のアミ芯とでは前後が逆になります。

縄編み P.69

アミ芯2本を、タテ芯の間でねじりながら編む編み方です。アミ芯3本で、編む編み方もあります。

とばし編み P.100

タテ芯を指定の本数をとばしながら前、後ろと交互に通す編み方です。自然と斜めの模様になります。

斜め編み P.28

立ち上げた底のタテ芯同士を、前・後ろと交互に通す編み方です。

六角編み P.111

六角底の側面の編み方です。底と同様に、タテ芯とアミ芯で六角形を作るように、交互に通して編みます。

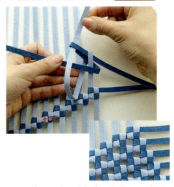

ノット編み P.184

1目ずつ四角い結び目を作って編む編み方です。

とめ方

縁どめ　P.100

縁どめ芯でタテ芯の端をはさむとめ方です。

裏縁どめ　P.130
タテ芯を内側に折り込み、内側に縁どめ芯を貼ってとめる方法です。

折り込みどめ　P.107

タテ芯を内側に折り込み、アミ芯に通して余分を切るとめ方です。

貼りどめ　P.181

ボンドでタテ芯を貼り合わせ、できあがりに切るとめ方です。

縁編み　P.63

タテ芯をとめた上から、縁編みひもで編む方法です。くさり編みのような見た目になります。

縁編み（5本）　P.137

タテ芯をとめた上から、縁編みひもで編む方法です。三つ編みのような見た目になります。

飾りいろいろ

リボン（シンプル）　P.36

リボン（下つき）　P.93

リボン（8の字）　P.101

リボン（結び）　P.167

お花　P.35

タッセル　P.120

持ち手

つけ方

タテ芯をはさむ P.92

持ち手でタテ芯をはさみ、貼り合わせます。

タテ芯の内側に貼る P.17

始末したタテ芯の内側に、持ち手をボンドで貼ります。

折り返し P.83

持ち手を本体の縁に差し込み、折り返してボンドでとめます。

差し込む P.64

持ち手にボンドをつけ、本体の内側に差し込んでつけます。

コの字貼り P.142

持ち手を輪にし、本体外側にコの字に貼ります。

ループつき P.87

持ち手を本体と別に作り、ループでつなげます。

巻き方

基本の巻き方 P.22

貼り合わせた持ち手の上から、巻きひもをきっちりと巻きつける方法です。

8の字巻き P.65

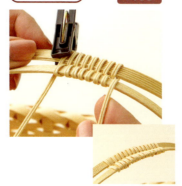

巻きひもを持ち手2本に8の字に巻きます。2本の持ち手をまとめるときに使います。

巻かずに仕上げる P.172

持ち手をボンドで貼り合わせたまま、巻きひもを巻かない方法です。

著者 寺西恵里子（てらにし えりこ）

（株）サンリオに勤務し、子ども向けの商品の企画デザインを担当。退社後も"HAPPINESS FOR KIDS"をテーマに手芸、料理、工作を中心に手作りのある生活を幅広くプロデュース。その創作活動の場は、実用書、女性誌、子ども雑誌、テレビと多方面に広がり、手作りを提案する著作物は600冊を超える。『基本がいちばんよくわかる刺しゅうのれんしゅう帳』（主婦の友社）、『おしゃれターバンとヘアバンド50』（主婦と生活社）、『とっておきの知育おもちゃ』（ブティック社）、『ニードルフェルトの基礎レッスン』（日東書院）、『ハンドメイドレクで元気!手作り雑貨』（朝日新聞出版）、『30分でできるかわいいうで編み&ゆび編み』（PHP研究所）、『火も包丁も使わない魔法のレシピ』（汐文社）、『ニードルフェルトでねこあつめ』（デアゴスティーニ）ほか著書多数。

撮影	奥谷 仁、安藤友梨子　瀧川やよい（azray）
スタイリング	川村繭美
本文デザイン	ネクサスデザイン、福永くるみ、YU-KI
カバーデザイン	八木孝枝
作品制作	森 留美子、千枝亜紀子、澤田 瞳、室井佑季子、山内絵理子
原稿整理	池田直子
撮影協力	UTUWA／TEL. 03-6447-0070 AWABEES／TEL. 03-5786-1600 TITLES／TEL. 03-6434-0616
編集協力	ピンクパールプランニング

この本の作品はハマナカ®エコクラフト®を使用しています。
材料についてのお問い合わせは下記へお願いします。
［ハマナカ株式会社］
〒616-8585　京都市右京区花園薮ノ下町2番地の3
TEL. 075-463-5151（代表）
ハマナカコーポレートサイト　www.hamanaka.co.jp
E-mail　info@hamanaka.co.jp

◎材料の表記は、2018年5月現在のものです。
◎印刷物のため、作品の色は実物と多少異なる場合があります。ご了承ください。
◎本書に掲載されている作品・図版を許可なしに複製することは禁じられています。

作りたい 使いたい エコクラフトのかごと小物

2018年 8月10日発行　第1版
2024年 6月10日発行　第1版　第8刷

著　者	寺西恵里子
発行者	若松和紀
発行所	株式会社 西東社 〒113-0034　東京都文京区湯島2-3-13 https://www.seitosha.co.jp/ 電話　03-5800-3120（代） ※本書に記載のない内容のご質問や著者等の連絡先につきましては、お答えできかねます。

落丁・乱丁本は、小社「営業」宛にご送付ください。送料小社負担にてお取り替えいたします。
本書の内容の一部あるいは全部を無断で複製（コピー・データファイル化すること）、転載（ウェブサイト・ブログ等の電子メディアも含む）することは、法律で認められた場合を除き、著作者及び出版社の権利を侵害することになります。代行業者等の第三者に依頼して本書を電子データ化することも認められておりません。

ISBN 978-4-7916-2582-6